KB270411

지상의 병실 하나

김대진 미카엘
호스피스 사랑방

도서출판
황금알

지상의 병실 하나

김대진 미카엘
호스피스 사랑방

사랑의 인사

김정숙

이 이야기들은 제 남동생, 김대진 미카엘과 호스피스 봉사자 여러분들과의 소중하고도 아름다운 인연의 파노라마입니다.

처음에는 지상을 떠나면서 남겨놓았던, 고인의 한 줌 원고들을 그러모아 소박한 유고집 하나를 계획했었습니다.

그러나 삼년이란 세월이 흐르며 아름다운 사람들의 정성과 사랑이 보태져, 이제 이 책은 보다 큰 의미를 내장하여 세상에 얼굴을 내밀게 되었습니다.

그래서 이 책은 당연히 동생의 유고집이라는 단순 소박한 의미를 넘어 인간 사랑을 온몸으로 실천하시는 호스피스 봉사자 여러분들의 생생한 현장 기록일 수 밖에 없습니다.

돌탑처럼 쌓아올려진 여러분들의 사랑과 격려의 중심에는 동생의 대부 송창열 요한 형제님이 계십니다.

송창열 요한 형제님은 호스피스 사랑방(http://cafe.daum.net/hospice4u)의 '사랑으로 만드는 책' 게시판을 통해 많은 사람들의 사랑과 격려의 손길을 분에 넘치게 모아주셨습니다.

동생의 삶은 다른 사람들에게 귀감을 줄만한 것도 없고, 커다란 삶의 족적을 남긴 것도 아닙니다. 그럼에도 불구하고 굳이 이 책을 엮어내는 것은 숨 가쁜 호흡의 고통 속에서 어렵게 남겨놓은 기록을 통해 평범했던 한 인간의 마지막 진실을 공유하고 싶었기 때문입니다.

그리고 지고지선의 인간 사랑을 실천하는 호스피스 봉사자 여러분들과의 아름다운 인연과 그 숭고한 의미를 세상에 널리 알리고 싶었습니다.

병마의 고통에서 신음하던 동생의 모습은 우리 가족에게는 피하고 싶은 현실이었습니다. 그러나 그 아픔과 고통을 껴안아준 것은 우리 가족만이 아니었습니다.

동생이 사투의 고통으로 병원을 찾아 헤매던 어느 날, 우리는 어떤 계시처럼 의정부 성모병원을 찾게되었습니다.

그 속에서도 동생은 심한 고통을 견디지 못해, 저에게 안락사를 요구할 정도였습니다.

그 때, 호스피스과 수녀님의 제안이 있었습니다. 호스피스 병동으로의 입실을 권유하는…

두려우면서도 차리리 평화로운 느낌이었습니다.

병실이 부족해 경제적인 부담을 감수하며 들어갔던 3인실에서 동생은 다른 환자들에게 피해를 주고싶지 않아 이불을 덮고 입술을 깨물며 고통을 참아냈습니다.

주님의 품안에서 떨고 있는 동생 부부에게 호스피스 병동은 한시가 급하게 들어가고 싶은 곳이었습니다.

이렇게 동생은 호스피스 병동과의 인연을 맺게 되었습니다.

많은 고통을 치러낸 얼마 후, 들어갈 수 있었던 호스피스 병실에서는 다른 사람의 이목을 의식하지 않아도 되었습니다. 그렇지만 고통은 나날이 심해만 갔습니다.

　토요일마다 올케를 쉬게 하려고 주말의 병간호를 맡았던 어느 토요일 저녁, 동생의 고통은 극에 달해 아픔과 눈물 없이는 그와 함께 할 수 없어, 담당의 조석구 선생님과의 면담을 통해 무통 치료가 시작되었습니다. 그 분은 성의를 다한 치료와 감사의 미소로 동생의 마지막 시간들을 편안하게 해 주신 분입니다. 깊은 잠에 들지 못하고 고통스러워하던 동생은 밤새 깊은 잠에 빠져들었고, 아침이 되어도 잠에 취해 거의 정오에 이르러서야 깰 수 있었습니다. 깊은 잠에서 깨어나 마치도 부활이라도 한 듯, 맑디맑은 정신으로 그의 모습과 자세는 편안했고 온전해보였습니다. 물론 그전에도 호스피스과 과장수녀님으로 계시던 박원선 데레사수녀님과의 만남으로 호스피스 봉사활동은 시작되었지만, 그 후 동생에게는 호스피스 봉사자들과의 평화로운 만남이 적극적으로 시작되었습니다. 박 데레사 수녀님의 조언으로 우선 병실을 내 집과 같이 꾸미고 지내라는 말씀에, 그의 사랑스런 딸과 아들 민지와 민우가 자연이 아름답게 물든 소요산 등반시 찍었던 사진들이 코팅되어 벽에 붙여지기 시작하였습니다. 이어서 봉사자의 글이 담긴 액자, 그의 사랑스런 딸 민지의 글, 크게 쓰여진 그의 세례명 미카엘이 벽에 붙여지고, 그 방에 다녀간 가족, 친구, 봉사자, 간호사, 의사, 수녀님, 신부님, 목사님 모두의 격려 글귀가 실리면서 병실은 환하고 따뜻해졌습니다.

　그 무렵 그의 입가에 지어졌던 미소가 조용히 떠오릅니다.

　단풍 구경을 다녀오시면서 그를 위해 가져오신 한 아름 낙엽을 안겨주시기도 하신, 데레사 수녀님은 그에게는 어머니와 같은 존재였습니다. 매사에 수녀님과 함께 하면 적극적이 되고 즐거웠던 나날들처럼 그의 병실은 활기를 띠어 갔습니다. 그의 방을 찾아주던 모든 분들 역시 그와 함께 미소 지으며 농담까지도 즐기며 다녀갈 수 있었습니다. 지푸라기라도 잡고, 살고 싶어 했던 그를 이렇게 변화시키고 그의 마음을 안정시켜 주신 분은, 바로 맑디맑은 영혼의 눈망울을 지닌 김인숙 사라수녀님이었습니다. 우연히 만난 어느 날, 저 역시 수녀님의 눈망울 속에 빠져들 수밖에 없었습니다. 차분한 목소리로 연약해 보이는 모습의 수녀님이었지만, 수녀님을 만나는 모든 이에게 굳건한 주님의 사랑을 충분히 전할 수 있는 카리스마를 지닌 여인이 바로 사라수녀님이었습니다.

일주일에 한번씩은 동생의 아이들을 위해 힘과 용기를 주며 손을 잡아주었습니다.

성자라고 표현해도 아깝지 않은 분, 송창열 요한 형제님! 그분은 동생에게 견진 성사를 제안하며 기꺼이 대부가 되어 주셨고, 지금까지도 그의 가족들에게 사랑을 아끼지 않으시는 분이십니다. 물론 다른 분들을 위해서도 많은 사랑을 쏟아 붓고 계신 분이기도 합니다.

동생의 영혼을 굳건한 사랑의 힘으로 지켜주신 분, 지상의 하늘 사람이었던 분, 그분이 바로 요한 형제님이었습니다. 저는 살아가는 일에 분주하기만 하고, 동생을 위한 인터넷 사이트를 열어 주고 싶은 것도 마음뿐이었는데, 요한 형제님은 우리 모두를 위한 숭고한 일을 몸소 실천하며, 호스피스 사랑방을 개설하여 많은 가족들과 기쁨과 슬픔을 함께 나누고도 있지만, 특히 '민지의 방' 까지도 운영하도록 배려하여 주셨습니다.

이외에도 동생에게 기쁨을 주기 위해 여러 수녀님들이 맑은 천상의 선율로 들려주셨던, 작은 음악회도 동생에게는 영원히 남겨진 소중한 기억입니다.

　그 밖에도 친절과 사랑으로 약을 주시고 묻혀진 혈관을 힘겹게 찾아내던 백의의 천사들, 처음 동생을 담당했던 간호사에서부터 동생을 보낸 간호사들의 헌신적인 봉사를 기억하고 있습니다.

　동생의 아이들은, 간호사들이 선물해준 곰돌이 푸우 인형과 베개에서 지금도 아빠의 체취를 느끼고 있습니다. 그 밖에 많은 봉사자들, 목사님, 또한 그가 다녔고 장례미사가 봉헌되었던 녹양동 성당의 이철학 바오로 신부님과 의정부 성모병원의 신부님은, 다함없는 기도로 동생의 영혼을 정화시켜 주신 분들입니다. 동생을 위한 치료는 이 모든 고마운 분들과 호스피스 여러분들의 헌신적 봉사와 사랑으로 자연스레 이루어졌습니다. 이 분들은 그가 떠난 후의 빈자리까지도 아낌없는 사랑의 손길로 메워주고 있습니다.

　아름다운 가을을 느끼기 위해, 또한 넓디넓은 바다를 보며 세상을 느끼고자, 동생은 동해안을 가고싶어 했습니다. 대신 산정호수에서 아름다운 1박의 마지막 여행을 할 수 있었습니다. 그리고 동생이 하늘나라로 가기 며칠 전, 불곡산 자락 샘내에 있는 집에도 다녀올 수 있었습니다. 이 많은 사랑의 힘으로 그는 고통 속에서 힘든 목소리의 녹음과 많지 않은 글을 남길 수 있었습니다.

　어느 날 갑자기, 세상의 문을 닫아버리는 격절감의 고통을 안고는 있었지만, 호스피스 케어를 통해 세상을 아름답게 정리할 수 있었다는 것은, 이 세상에서 누린 값진 혜택으로 동생은 절감하고 있었고, 남겨진 가족들도 그 고마움을 가슴 깊이 느끼며 지내고 있습니다.

　동생은 이 세상은 홀로가 아니고, 많은 사람들과 주고받는 인정을 통해 보다 높고 귀한 세상의 문으로 들어선다는 진리를 깨칠 수가 있었습니다. 그래서 그의 아내가 만들어준, 9114호 열차를 타고, 미소와 감사로 세상에 사랑의 인사를 보낼 수 있었다고 생각됩니다.

동생이 도움을 받고 의지했던 의정부 성모병원 호스피스 봉사활동의 사랑과 감사를 여러 분들과 함께 나누고 싶습니다. 저희는 의정부 성모병원에서 아름다운 호스피스 활동의 체험을 할 수 있었지만, 보훈병원과 다른 지역의 병원에서도 성스런 호스피스 활동은 지금까지 계속 펼쳐지고 있습니다. 이러한 병원 외에도, 거국적인 복지정책과 개인적인 능력을 지니신 분들의 사회복지사업으로 병마의 고통으로 신음하는 많은 사람들이 호스피스 활동의 그늘 아래에서 도움을 받고 있습니다.

호스피스를 사랑하는 사람들은, 한자리에 모여 감동적인 체험과 소중한 희망을 나누며 서로의 마음을 하느님의 사랑으로 곱게 물들여 가고 있습니다. 이 책과의 만남을 계기로, 호스피스 활동을 위한 새로운 봉사자들이 잉태되어 세상이 더욱 아름답고 의미있는 삶의 터전이 되기를 기원합니다.

1부는 호스피스 봉사자들의 격려로 쓸 수 있었던 동생의 병상일기와 가족과 친지들에게 보내는 글을 중심으로 구성되어 있고, 2부는 하늘 나라로 떠난 동생을 추모하는 몇 분의 글을 모았으며 3부는 헌신적으로 사랑의 실천을 완성해가는 호스피스 여러분들의 사례를 엮어보았습니다. 아직도 우리 가족의 가슴 속에 남겨져 있는 동생의 고통과 아픔을 떠올리면, 흐르는 눈물을 억제하기 힘드나, 이제는 그가 남긴 짧은 글로써나마 우리 가족들과 그를 도와준 소중한 사람들에 남긴 사랑과 감사의 의미를 되새김하려 합니다.

많은 자원 봉사자들 모두가 호스피스 요원이 되어 배려를 아끼지 않으셨고, 그분들 덕으로 그의 눈물겹고 가슴이 시리도록 아프고 안타까이 흘러가는 시간들은 아름답고 행복했던 순간들로 승화될 수 있었습니다. 동생이 세상을 향해 사랑과 감사의 인사로 보답할 수 있게 됨을, 이 지면을 통해 호스피스 봉사자 여러분께 깊이 머리 숙여 감사를 드립니다. 그리고 이 책이 나오기까지 아낌없는 사랑을 베풀며 물심양면으로 후원해 주신, 송창열 요한 형제 님과 호스피스 사랑방 가족과 의정부성모병원 호스피스과장 수녀님과 봉사자 여러분, 녹양동 성당 이 철학 바오로신부님, 수녀님, 성당 가족들, 손주들을 지키고자하는 일념으로 서로에게 기둥이 되어주고 의지하면서, 삼년이 넘도록 아직도 누워 계신 아버님을 위해 한결같이 아낌없는 사랑과 후원을 해 주시는 친척 여러분과 친구 분들, 이 책이 출판되기까지 많은 격려와 함께 큰 노력을 아끼지 않고 혼을 불어넣어 주신 김용훈 선생님과 김영탁 주간님, 아름다운 편집에 땀흘린 조경숙 실장님 여러분께 머리 숙여 감사드립니다. 또한 그 어느 누구보다도 민지 아빠의 아름다운 생을 위해 이 모든 것을 기획하고 많은 것을 참아내며 깊은 사랑을 지켜내는 그의 아내, 이 정림 제노베파와, 이러한 일을 가능하도록 기도와 사랑으로 애써주신 호스피스 사랑방 가족에게 이 책을 드리고자 합니다.

그리고 그가 남긴 사랑스런 딸과 아들, 민지와 민우에게 아빠의 존재에 대신할 수는 없겠지만, 이 책이 아빠의 숨결을 느낄 수 있고 커가면서 아빠의 빈자리를 조금이나마 채워 줄 수 있기를 바라는 마음입니다.

다시 한번, 모든 분들께 끝없는 사랑과 감사를 드립니다.

지상의 하늘 사람들, 호스피스 봉사자 여러분들에 의해 지상의 병실 하나, 고통과 아픔을 벗어 던지고 사랑과 평화가 충만한 곳, 의미있는 새 세상으로 건너갔습니다.

1부

지상의 병실 하나

1. 길 위에서

한 달만의 외출이다.

가슴 깊은 곳에서부터 솟아오르는 이 느낌을 무엇이라 할까.

주님만이 아실 것이다.

주님, 저의 이 가슴 속의 느낌이 간절하다면 다시 한 번 새로운 삶을 시작할 기회를 주십시오.

지금 나는 산정호수에 서있다.

위암 말기의 쇠약해진 나의 육신을 아내와 누님 내외분이 부축하고 있다.

가을 저녁 햇빛을 받아 물빛은 스스로 깊어지며 자꾸만 말을 걸어온다.

북쪽으로는 궁예의 만년을 슬퍼하며 산새들이 울었다 하여 이름을 얻은 명성산과 남쪽의 관음산, 서쪽의 망무봉이 긴 그림자로 물위에 몸을 부리고 있다.

이제 거추장스런 세월의 인연을 떨구며, 노랗게 야위어 가는 몸으로 산들은 한 발짝씩 더 가까이 물가로 내려올 것이다.

기운이 없고 마른 몸이지만 지금의 내 기분은 가을 물처럼 맑고 깊다.

스치고 지나가는 바람을 느끼며, 문득 안 치환의 노래 가사를 떠올린다.

'내가 만일 새로이 산다면 만인의 달콤한 꿈으로 태어나겠소.'

한 달만에 외출을 했던 곳, 선정호수에서 나는 절규하듯 간절하게 주님을 찾았다.

'주님, 살려주십시오.'

가을 산을 품어 안은 호수는 미동도 없이 깊어가고 있었다.

4·19혁명을 한 달쯤 뒤에 둔, 그 해 1960년 3월 17일(음력 2월 20일), 나의 삶은 시작된다.

그 해, 동대문 숭인동 집과 시계점이 전소되었고 그 이듬해에는 아버지의 조그만 방직공장이 다시 화재로 전소되고 만다. 화마는 계속 되었다. 다시 그 이듬해인 1962년, 종로의 인쇄소마저 전소된다.

화마는 아버지의 전 재산을 한 줌의 재로 날렸고 재기의 꿈마저 처참하게 녹여버렸다.

그 해 여름, 아버지는 강화도 건설 현장의 노동판으로 떠나셨다.

8월 어느 더운 날, 어머니는 돌이 지난 나를 업고 아버지를 만나러 구로동에서 강화까지 들어갔다.

버스에 흔들리며, 물을 건너 들어간 강화도는 먼 길이었다.

먼지와 땀으로 범벅이 된 나를 보자 아버지는 나를 찬 우물로 데려가 씻겨주셨다.

어린 몸이 고단하였을까.

그날 밤, 나를 덮친 것은 고열과 구토였다.

정조준한 명궁의 화살처럼 불행은 조금도 나를 비켜가지 않았다.

고열과 구토의 끝, 그것은 소아마비였다.

왼쪽 다리를 저는 나에게 보내는 주위의 눈치는 감당하기 어려운 상처였다.

가슴으로 울 수 밖에 없는 커다란 상처였다.

가족들도 울었고 나도 울었다.

어느 누군들 가난의 경험이 없겠는가만, 내가 어렸을 적, 우리 집의 가난은 지독했다.

한 푼이라도 집세가 헐한 집을 찾아 이사를 다녔다. 보따리를 풀기가 바쁘게 우리는 다시 짐을 싸야 했다.

1963년, 구로동 시절부터, 1972년 그 곳을 벗어 나오기까지 19번이나 이사를 했다.

아이 시절이었던 그 때, 가난에 절었고 자유롭지 못한 다리 때문에 많이 울었던 그 때의 기억이 철이 지나, 지금은 빛이 바랜 몇 장의 흑백사진으로 살아난다.

그 사진의 이름을 행복이라 불러도 좋으리라.

월급날마다 아버지는 「월간 소년중앙」과 과자를 사오셨다.

한달 내내, 나는 모든 것을 잊고 행복할 수 있었다.

국수, 라면, 칼국수, 수제비, 감자떡, 개떡, 쑥떡, 베이킹파우더 빵, 이 모든 것들이 나는 좋았다. 그리고 지금도 좋아한다.

1987년 안양으로 아사할 때까지 살게 된 곳은 종로 인사동이었다.

아버지가 건축 감독을 하여 지었던 건물 주인의 배려로, 인사동 시대가 열리게 되었다.

종로는 나의 삶에 일대 변화를 준비하고 있었다.

구로동에서 종로의 교동초등학교로 전학하였다. 축구밖에 몰랐던 구로동의 아이들과는 달리 종로의 아이들은 죄다 과외 공부에 매달리고 있었다.

과외 공부를 하는 아이들이 먼 나라의 아이들처럼 보였다.

나는 혼자 공부할 수 밖에 없었다.

성적은 뒤지지 않았다.

다리가 불편했기 때문에 나는 집에서 가까운 휘문 중학교에 입학했다.

방과 후에는 도서실에 남아서 공부를 하기도 했으며 운동장 뒤편에서 연식 정구공을 가지고 야구를 하기도 했다.

친구들은 내가 같은 편이길 원했다.

나는 잘 뛰지 못했기에 한 번에 홈으로 들어와야만 했다.

방법은 홈런밖에 없었다.

거의 매번 홈런으로 점수를 보텔 수가 있었고, 그때마다 우리편은 이겼다.

아이들의 함성과 함께 하늘 높이 솟아오르던 홈런 볼을 바라보던 기억이 지금도 나의 가슴을 두근거리게 한다.

　그것은 분명 신체적 열등감이 변형시킨, 완벽주의 또는 무모한 승부의식의 한 형태였으리라.

　원래 섬세했던 나의 성격이 '모 아니면 도'라는 극단으로 흐르기 시작한 것도 이즈음이었다.

　중학교를 졸업하고 휘문 고등학교에 입학했다.

　"다리병신 새끼가 조용히 하고 다녀!"

　내가 잊었다고 생각한 나의 상처를 후벼댄, 1학년 같은 반 아이의 정신적 폭력을 기억한다.

　방황의 터널은 길고 어두웠다.

　술, 담배, 여학생, 친구, 밤샘

　깊은 수렁에서 허우적거리다 급기야는 3학년에 와서 무기정학에까지 이르게 된다.

　위악의 열정으로 보낸 방황의 시간들이었다.

　솔직하고 싶었다.

　누나, 어머니, 무서운 아버지에게 무릎을 꿇었다.

　뒤처리를 아버지께서 다 해주셨다.

　밀린 술값이 3만원이나 되었다.

　아아, 그 때, 아버지의 월급이 4만원이었다.

　아버지는 지난 과오를 들추지 않으셨다.

모닥불을 뒤집어쓴 듯, 내 부끄러움에 얼굴이 후끈 달아오른다.

방황의 긴 터널을 빠져 나왔을 때는 3학년 2학기, 너무 많이 늦어있었다.

두 번의 실패 끝에 세 번째로 외국어대학교 포루투갈어과에 입학했다.

어머니의 묵묵한 뒷바라지, 누나와 아버지의 간절한 설득과 격려가 나를 추동했음을 잘 알고 있다.

소중한 성취였다.

대학에서는 줄곧 장학금을 받았다.

처음 장학금을 받아들던 날, 아버지의 눈은 웃고 있었지만 가슴은 울고 있었다.

졸업 후, 작은 무역회사에 들어갔다.

컴퓨터에 관심을 가지면서 1986년말에는 '(주) 상운'이라는 컴퓨터 회사에 입사했다.

아내는 85년에 만났는데 같은 과 후배였다.

내가 프로포즈해서 결혼했다.

아내의 식구들은 따뜻했다.

불편한 다리, 독선적 성격, 가난, 사업의 실패, 위암 1차 수술, 위암 말기 재판정, 나의 고통스럽고도 스산한 삶을 사랑과 격려로 감싸주었다.

1990년부터 1997년까지 나의 사업은 초기 성공의 과정을 거쳐 정착

단계로 접어드는가 했으나 결국은 폐업으로 귀결되고 만다.

　술, 담배도 멀리 했던 몸이었지만 폐업과 함께 나를 기다리고 있던 것
은 죽음에 이르는 병이었다.

　이제, 마지막으로 길 위에 서서 내가 통과하지 않으면 안될 터널을 바
라보고 있다.

　사랑하는 가족들과 고맙고도 소중한 지인들의 사랑과 격려를 받으며
뚜벅뚜벅 걸어가다 보면 터널의 끝은 반드시 나타날 것이다.

　어둠을 뚫고 쏟아져 오는 빛의 줄기를 찾아 걸어 갈 것이다.

　나를 인내하고 긍정하자.

　더욱 더 간절한 기도를 드리자.

　주님을 영접하자.

　나를 아는 모든 사람들의 꿈으로 거듭 나게 해달라고 정성을 다한 기
도를 드리자.

　대천사 미카엘로의 부활을 위한 저공비행은 이제 시작되었다.

　산정호수의 물빛처럼 가을도 깊어간다.

　가을이 지나고, 다시 황량한 겨울이 스쳐간, 봄의 산정호수에 서고 싶다.

　그 때, 떠오는 나의 삶의 모습들은 가난의 고통과, 독선과 아집에 흔들
렸던 과거의 잔상들이 아닐 것이다.

　　봄의 새 기운을 받으면서 겸손하게 정리된, 나의 미래가 물위에 떠 있
을 것이다.

1999년 9월 19일

외딴 들녘, 어지럽게 피어오른 예쁜 꽃들.

비바람에 쓸린 채로 아직도 살아있다.

빗물에 패인 길을 따라간다.

가을 하늘과 햇살에 기대어 들꽃들은 다시
살아나고 있다.

자연이 비바람과 가을 햇살을 내리듯

세상 길에도 시련과 희망이 있다.

비바람을 견딘 들꽃처럼

나는 살고 싶다.

맑은 영혼으로 살고 싶다.

1999년 9월 20일

다시 통증이 시작되었다. 하루 종일 복수의 통증으로 고생했는데…

저녁 무렵엔 괜찮았는데, 다시 통증이 시작된 것이다.

지금 아픈 곳은 명치 끝, 물 찬 부분 전체, 배 가운데, 아랫 부분, 옆 부
분, 이것들이 억누르는 묘한 통증.

주사들을 안 맞았을 때의 통증을 어떻게 참아냈을까.

이제 간과 황달 치료를 하면 고통이 조금은 준다던데…

아주 나을 수는 없는 것인가.

이 고통(검사 중, 내시경 전 후 포함)을 남들은 모른다.
정말 참기 어렵고 고통스럽다. 아파서 견딜 수가 없다.
잠이 오지 않는다. 어떠한 생각도, 잡념도 들지 않는다.
의지와 의욕도 없다.
아픔 없는 세상에 하루라도 빨리 갔으면 하는 내 생각과 하루라도 더
살았으면 하는 가족과 친지들의 생각은 서로 맞지 않는다.
내 생각을 버리자.
이 고통을 견디자.
하루라도 더 살아 사람들을 기쁘게 하자.
기도하자.
성부와 성자와 성령의 이름으로 아멘.
천주님, 예수님, 성모님께…
그러나, 아프다. 가슴이 아프다.
애쓰는 아내의 노력과 바램을 잘 안다.
그것을 보는 내 마음은 더욱 아프고 고통스럽다.

1999년 10월 5일
이제 모든 것이 편해지고 있다.
나의 사랑, 나의 사람, 나의 시간.
나의 소중한, 내가 사랑하는 사람들은 나의 고통과 아픔을 씻어 주고

있다.

나의 스산했던 삶의 아픔마저도 깨끗이 치유해 주고 있다.

한시도 나의 곁을 떠나지 않고, 나의 삶을 온 몸으로 지탱해 온, 나의 사랑하는 사람들.

늘 나와 함께 하기를 소망하는, 나의 사랑하는 사람들.

그들이 지금 고통으로 오고 있다.

그들의 인내와 사랑이 고통으로 오고 있다.

나는 진정 행복한 사람이다.

지난 시간은 기쁨이었고 아픔이었다.

이제 웃어본다.

사랑하는 사람들과의 결별도 편안히 받아들일 수 있을 것 같다.

주님의 뜻이라면 이별의 아픔과 고통도 저 가을잎 처럼 가벼울 수 있으리라.

지금 나는, 내가 사랑하는 사람들과 함께 호흡하며 마지막 시간을 보내고 있다.

그들은 나와 한 몸이요, 일체이다.

나는 봄에 태어나는 것이 좋아 보였고 가을에 떠나는 것이 자연스러워 보였다. 아니, 가을에 떠나는 것을 무엇보다 동경했다.

그렇게 난, 나의 꿈을 이룰 수 있을까.

그토록 아름다운 일이 어디 있으랴.

1999년 10월 5일

* 이 기록은 고인의 처남이 매형을 보면서 남긴 단상임.

지금 매형은 민지, 민우에게 들려줄 이야기를 녹음하고 있다.

예전의 목소리와는 쉽게 구분이 되는 힘이 들고, 쉬어버린, 조금씩 갈라지는 목소리다.

얼굴에는 병색이 완연하여 눈 밑의 그늘은 너무나 까맣고, 확연히 드러난 광대뼈, 움푹 패인 볼이 매형의 고통을 짐작하게 해준다.

앙상하게 말라버린 팔과 손가락은 복수로 부어오른 배를 계속해서 어루만지고 있다. 심해진 황달로 인해, 자면서도 매형의 손은 쉼 없이 몸을 긁고 있다.

하지만 그 중에서도 가장 가슴 아픈 모습은 '눈'이다.

마음대로 떠지지 않는 매형의 큰 '눈'

검은 눈동자는 위로 올라가 황달이 번진 흰자가 노란빛을 띄고 있다.

정신을 차리고 대화를 나누고 있는 순간에도 매형의 검은 눈동자는 제자리를 못 찾고 있다.

매형의 병은 깊어질 대로 깊어진 것일까.

1999년 10월 10일

하루 종일 비가 내렸다.

창 밖을 제대로 보지 못했다.

어둠이 싫어서였을까. 아니면 추적추적 내리는, 우울한 가을비가 기분에 맞지 않아서였을까. 괜스레 창 밖을 보기가 싫었다.

새벽에 꾸었던 꿈을 털어 버리고 무언가 새로운 생각을 하려했다. 그러나 시시각각 틀려버리는 몸의 상태 때문에 그마저도 여의치 않았다.

누나의 병간호가 끝나고 아내가 돌아왔을 때, 나의 독설이 시작되었다.

편안해서일까, 관성일까, 아내를 보면 투정하게 된다.

아내는, 내가 정해 놓은 기준 안에 모든 사람들의 생각과 행동을 끌어들이고 가두어 놓는다고, 따끔하게 지적해 주었다.

나도 잘 알고 있다.

나의 독선과 아집이 견고하게 구축한 성채에서 나는 나의 삶의 합리화를 부추겨왔다는 것을.

갑자기 담배 맛이 떨어졌다.

갑자기 백태가 낀 것 같고 욕창과 등창이 심해온다.

뼈만 앙상히 남아 있다.

왜 자꾸 몸 상태에 연연하는 걸까.

고통스런 병의 끝을 짐작하고 있으면서도 왜 자꾸 신경이 미칠까. 그런 상태가 무엇이 중요하단 말인가.

혹시, 새로운 삶의 집착이 들어서는 것은 아닐까.

오늘은 둘째 처제 내외 말고는 찾아오는 사람도 없었다.

비오는 창 밖을 보는 대신, 내 자신을 돌이켜 보고 곱씹어 볼 수 있어서 좋았다.

삶에 연연하지 말자.

관성이 되어버린 나의 투정과 독설 대신 아내에게 줄 수 있는 것이 무엇일까.

투정과 독설로 왜곡된 나의 사랑은 왜 이리 솔직하지 못할까.

아내의 솔직한 고백처럼, 나도 솔직한 마음으로 내 감정의 진실을 키웠으면 좋겠다.

오전에 들었던 편안한 음악이 생각난다.

음악은 가식이 없었다.

나는 가식된 삶을 살아왔다.

가식을 거둔 진솔한 삶의 마무리…

1999년 10월 10일

* 이 기록은 고인의 아내가 남긴 단상임.

병원에 들어온 지 근 3주가 지났다.

정말로 긴 시간이었다. 이제 이 곳도 나에게는 꽤 익숙해져 간다. 그이의 고통을 함께 나누며 보낸 시간들, 어떻게 시간이 흘렀는지도 모르겠다.

그이의 고통을 함께 나눌 수 있는, 이 시간을 주님의 은총이라 생각한다.

그이는 지금, 극한의 자기 인내를 넘어서며 병마와 싸우고 있다.

지난주의 고통에 비하면 지금은 천국과도 같은 시간이다.

매번 고통에 신음하는 그이를 보면서 가슴이 찢어지는 슬픔에 울어야만 했다. 앞으로 얼마나 더 견뎌내야 할 지 모르는 고통의 시간 앞에서 나약하게 떨기도 했다. 한숨이 절로 나오기도 했다.

그러나 이 고통 속에서도 나는 그의 곁으로 가고 있다. 내가 그의 곁으로 더 다가갈 수 있도록 주님이 우리에게 주신 시간의 은총 앞에서 깊은 감사를 느낀다.

우리들의 더욱 더 진실된 삶을 위하여, 기도를 할 수 있는 시간을 위하여, 고통의 이름으로 내려준 축복의 시간임을 느낀다.

오늘 그이에게 많은 이야기를 했다.

늘 두려운 존재여서 말을 가려서 했는데, 오늘은 용기를 내었다.

그이가 내 말을 다 받아주어서 고마웠다.

조금은 더 솔직하게 말을 주고 받을 수 있는 시간을 갖도록 노력할 것이다. 그것이 그이의 사랑에 더 가까이 가는 길임을 안다.

그이의 사랑에 감사하며, 우리에게 내려주신 주님의 사랑에 축복을 느낀다.

이제 그이의 고통 속에서 찾아낸 우리들의 진실한 삶과 사랑이 주님을 향할 때, 새로운 문 하나가 우리 앞에 나타날 것이다.

민지 아빠, 사랑해요.

1999년 10월 16일

의정부 성모병원에 입원한 지 한 달이 넘었다.

스물 네 시간 지속되던 통증, 신음, 울음, 절망, 그야말로 선고된 죽음과 마주한 고통의 한 달이었다.

일주일 전부터는 그나마 통증을 조금씩 다스리는 여유가 생겼다.

오늘은 글까지 쓸 수 있는 힘이 조금 남아있다.

삶의 집착과 욕심을 버렸기 때문일까.

주님에게 용서를 받고 있기 때문일까.

숱한 반성과 깨달음, 지나온 삶에 대한 정리…

40여년이 걸려서 찾아가는 내가 있고 15년이나 나를 지켜준, 사랑하는 아내가 있고, 주님 고맙습니다.

주님은 1주일이란 시간을 유예해주셨다.

사랑하는 아내와 아이들, 가족, 친지, 친구, 신부님, 수녀님, 의정부 성모병원의 자원봉사자 여러분…

인연을 나눈 세상의 모든 사람들에게 주님이 주신 고통 속에서, 죽음의 고통 속에서야 비로소 주님의 사랑과 은총을 느낀 한 인간의 평범한 느낌과 생각을 남기고 싶다.

절정의 가을로 이 밤이 달음질 쳐, 가슴 속 내 생명의 불꽃도 오늘밤 따라 선연하다.

1999년 10월 19일

한 달만의 외출이다.

이제 살아야겠다는 소망도 은근히 가져본다.

살아도 자신이 있을 것 같다.

삶을 정리한 자리에서 다시 새로운 삶에의 소망이 조심스럽게 자라난다.

차근차근, 조심스럽게 소망을 키워본다.

매형께서 산정호수로 가자고 했다.

명경처럼 깊고 잔잔한 가을 호수의 물빛을 그리며 외출 준비를 하였다.

상승된 감정의 탓이었을까, 갑자기 나가는 것이 두려워졌다.

속이 뒤틀리고 풍선의 바람이 빠지듯, 몸속의 기운이 쭉 빠졌다.

아내와 매형 내외의 격려에 힘입어 예정보다 한 시간을 넘겨 병원을 출발하였다.

구름이 유유한 가을 하늘은 상쾌했지만 알 듯, 모를 듯한 내면의 두근거림이 검은 구름처럼 가슴에 들어차기 시작했다.

불쑥 불쑥 고개를 내미는 죽음에의 공포였을까.

조심스럽게 운전하는 매형의 차안에서 조금씩 평온해질 수 있었다.

점령군처럼 가을은 어느 새, 산 밑 동네에까지 내려와 있었다.

울긋불긋, 노랗게, 빨갛게 물 들어가는 단풍, 냇가의 억새풀, 두 달 가까이 느껴보지 못했던 계절의 정취였다.

저공 비행하듯, 차는 길을 따라 호수로 향하고 있었다.

다시, 편안하게 상승하는 기분, 바닷가까지라도 갈 수 있을 것만 같았다.

간절하고 단순한 바램이 있었다.

가을 햇빛과 바람을 느끼고 싶었고 구름을 거느린 맑고 푸른 하늘도 보고 싶었고 산들을 경호 세워, 저 스스로 깊어 가는 호수의 물을 보고 싶었다.

그리고 나를 보고 싶었다.

가을 나들이 인파는 소란스러웠지만 그 속에서 아름다운 사람의 얼굴들을 볼 수 있었다.

차안에서 소라, 번데기, 솜사탕, 밤을 먹었다. 너무나 오래 잊고 있었던 군것질이었다.

시간이 가는 것이 아까웠다.

나와 함께 고통을 같이 하는 가족과 친지들이 너무나 고맙다.

오랜만의 나들이었을까, 피로감이 몰려오는 듯 했다.

안 치환의 노래가 테이프에서 흘러나왔다. 아내의 손을 잡고 노래를 들었다.

눈물이 흘렀다.

아내도 눈물이 흐르는 듯 했다.

그 노래를 아내에게 직접 불러주고 싶었다.

그러나 부를 수가 없었다.

눈물과 흐느낌, 갈라진 목소리 때문에 노래를 부를 수가 없었다.

‘내가 만일 구름이라면…
내가 만일 시인이라면…
그대를 위해 시를 쓰겠소…’

햇빛과 구름과 맑은 호수의 물빛을 지우면서, 아내와 나의 흐느낌을 달래면서 땅거미가 내려앉기 시작했다.

‘내가 만일 새로이 산다면 만인의 달콤한 꿈으로 태어나겠소’

나의 간절한 소망을 주님이 거두어 주실 것이다. 이 소망의 끈을 놓치지 말자.

병원으로 돌아와서 몸을 눕혔더니 너무나도 편안했다.

가을 한 낮에 이루어진 한달 만의 외출, 너무나도 벅찬 행사였고 감동이었다.

밤이 깊어 오면서 잠은 오지 않고 헛것이 보이며 아파 오기 시작했다. 견딜 수 없는 고통과 아픔이었다.

감당하기 어려운 감동과 희열을 주신 주님은 이제 나에게 고통을 주시고 있다.

아, 주님, 나는 어떻게 해야 됩니까.

새벽 세 시가 넘어가고 있었다. 정신이 혼미할 정도로 통증은 계속 되고 있다.

산정호수의 물빛 위로 흘러갔던, 빛바랜 흑백 사진들처럼 다정했던,

지나간 삶의 편린들이 두서없이 출몰한다.

이 고통 끝에 해는 다시 떠오를 것이다.

나를 부축하고 인도하셨던 세분, 뒤에서 나의 외출을 성원해 주신 모든 분들께 감사를 드린다.

1999년 10월 19일

*이 글은 고인의 아내가 남겨 놓은 단상임.

고통의 시간이 다하면 이렇게 평화로운 시간도 찾아오는 것일까.

그렇지만 가슴 한 구석에 남아있는 고통의 여진과 슬픔 마저 어쩔 수는 없다.

고통과 슬픔에 내가 압사 당할지라도 미카엘과 함께 할 수 있는 시간을 주신 주님에게 깊은 감사를 드린다.

가슴 설레이는 희망의 불씨 하나를 소중히 품고 주님을 믿고 따라야 한다. 티끌 하나 없는 맑고 굳은 믿음이어야 하리라.

다시 한 번 주님에게 감사와 찬미를 드린다.

오늘 사라 수녀님의 기도, 나에게 큰 용기와 힘을 주었다. 희망의 불씨는 내 가슴속에만 있는 것이 아니었다.

'걱정하지 말고 두려워 말라.'

'네 믿음이 너를 살렸다.'

모든 고통과 슬픔을 인내하며 키워 가는 사랑과 희망이, 주님의 육성으로 내 가슴에 화살처럼 꽂혀왔다.

가녀린 나의 이 소망이, 간절한 이 염원이 주님에게 닿았으면 좋겠다.

주님께서 주신 시간 속을 미카엘과 함께 묵묵히 걸어가자. 주님의 크신 사랑과 예수님의 구원과 성모님의 은총이 뒤에서 나를 지켜주실 것이다.

1999년 10월 20일

지난 이틀이 나를 변화시킨 것일까. 홀로, 남을 위한 기도도 드렸고 정신은 맑았다.

고통도 많이 줄었다.

외출의 힘일까, 정리도 잘 되어가고 있다.

무엇보다도, 어제부터는 「성서」를 읽기 시작했다. '잠언'부터 읽었다. 그것은 나를 크게 변화시킬 것 같다. 오늘은 '욥기'를 읽어내려 갈 것이다.

어제 사라 수녀님의 기도 속 말씀처럼, 주님은 나에게 다시 한 번 기회를 주시기 위해, 나를 정리시키는 듯 했다.

사라 수녀님은 일화를 들려주셨다.

'낭떠러지에 매달린 나뭇가지를 놓아라.'

그것을 놓으면 주님은 뜻대로 할 것인데…

그래, 나도 매달린 나뭇가지를 놓아 버리자.

주님께서 날 구해주시고 말 거라는 확신과 함께.

설령 그렇지 않더라도 주님께서는 나를 무엇보다도 소중한 도구로 써

줄 것이라 믿자.

오늘도 가을 하늘이 맑을 것이다.

기분이 좋다.

서서히 몸이 가라앉아 가고 있음을 느끼지만 연연치 말자.

아주 조금씩 천천히 일어 날 테니 말이다.

1999년 10월 21일

고통스런 오전이었다.

급작스런 내면의 변화(성서, 기도, 마음의 정리) 때문이었을까.

무거운 몸, 상·하복부의 통증, 긴장감, 오랜만에 찾아온 고통과 아픔이었다.

아내도 무척 긴장돼 보였다. 괜찮다고 위로했지만, 나의 표정과 상태가 굉장히 힘들어 보였을 것이다.

식사, 소변, 대변, 신경질, 불편한 보행, 모든 게 최악이었다.

그래도 기분을 떨구지 않으려 무척이나 노력했다. 그것이 날 더 안 좋게 한 것 같다.

오후 들어 사라 수녀님을 만나러 민지가 병원으로 왔는데, 사라 수녀님은 세 시 약속인 줄 아시는지 두 시까지 나타나지 않으셨다.

아내와 민지가 원목실로 내려가다가 사라 수녀님 일행을 만나 병실로 들어왔다.

참으로 반가웠다.

통증도 그때는 멈췄다.

사라 수녀님은 일행들과 함께 노래 테이프를 구해 오시느라 늦었던 것이다.

정말로 대단한 분이시다.

그 동안은 기도와 말씀으로 나를 감화시키시더니 오늘은 노래와 흥으로 나를 감동시킨다.

한 시간 가까운 즉석 콘서트는 정말 감격과 감동이었다.

가슴에 스며오는 행복감…

김향순 소화 데레사 수녀님, 두 분의 다른 수녀님, 정말 고맙습니다. 과분합니다.

수녀님들은 2차 콘서트를 다음 주, 수요일에 갖겠다고 하셨다.

나도 준비를 많이 해야겠다. 그 날은 피자 파티도 해야겠다.

실로 오랜만에 취해본 놀이 마당이었다.

사라 수녀님의 치밀하고 크신 사랑에 다시 한 번 감격하였다.

사라 수녀님은 여흥이 끝나고 민지와의 대화 시간도 가져 주셨으며 나와 민지 사이의 사랑에 대한 가교 역할을 훌륭히 해주셨다.

사라 수녀님, 당신의 큰 은혜에 힘입어 미카엘의 종으로 거듭 나겠습니다.

정말 고맙습니다.

1999년 10월 21일

피부엔 생기가 돌고 눈빛은 초롱초롱하다.

더 튀어나온 광대뼈, 욕창이 심하고 손목은 눈에 띄게 가늘어 간다.

그래도 좋다.

그렇다.

머리는 맑아지고 의욕이 솟고 금주부터 읽기 시작한 「성서」도 잘 읽힌다.

책도 보고 이것저것 참견도 많이 한다.

개운해져가는 머리에 비해 몸은 점점 무거워져가고 요즈음에는 걸을 수가 없다. 힘이 빠지고 도저히 걸을 수가 없다.

세상에 완벽한 것은 없나 보다.

갑자기 넘쳐오는 주님의 사랑에 내 자신을 주체하지 못하는 것 같다. 하고픈 일이 너무 많아 혼돈스럽기까지 했다.

주님의 크고 넓으신 사랑 안에서 너무 경솔한 것일까.

들 떠 있는 나를 경계하려고 주님이 나를 잘 못 걷게 하는 것 같다.

다시 차분해지자.

욕심을 버리면 큰 것을 얻는다.

1999년 10월 22일

우리 부부는 행복하다.

같이 있으면 무언가 좋은 일이 많이 생긴다. 우리가 지쳐있을 때마다 새로이 도움을 주는 사람이 꼭 나타난다. 또 우리의 신경이 예민해졌을 때는 어떠어떠한 계기가 생겨 순조롭게 상황을 잘 넘기곤 한다.

그것들은 아주 조그마한 것들이다.

커피는 마시고 싶은 데 동전이 떨어져 고민할 때, 내 회사에서 가져왔던 돼지 저금통이 눈에 띈다던가, 욕창에 시달리던 고통이 마침 방사선과에서 마련해준 조그마한 스폰지 쿠션이 해결해 준다던가, 뭐 그런 소소한 것들이다. 또 이런 경우도 있었다.

부드러운 빵이 먹고 싶을 때, 마침 찾아온 친구의 손에는 카스테라가 들려 있었다.

어찌 감격하지 않겠는가.

우리는 이런 것들이 늘 주님의 은총이라고 생각하며 두 손을 모아 잡고 기뻐한다.

설레임을 접고 가만히 생각에 잠겨본다.

이제부터 더욱 더 차분한 기분으로 주님의 뜻을 헤아리기 위해 「성서」를 통독, 음미할 것이다.

「성서」 속에서 주님은 나의 삶의 방향을 지시하실 것이다.

작고 소소한 것들의 큰 행복.

커피, 사탕, 초콜릿, 부드러운 빵, 허리 받침 쿠션, 큰 행복의 작은 이름들이다.

하늘대는 들풀의 몸짓에서도, 내가 좋아하는 음악의 선율에서도 행복은 넘쳐나고 있다.

작고 소소한 모든 것들을 사랑한다.

이 모든 사랑을 느끼게 해주신 주님은 덤으로 큰 행복을 주시고 있다.

1999년 10월 23일

아침에 박 데레사 수녀님께서 다녀가셨다. 전날 야유회에 가셨다가 주웠다며 한 줌 가득, 단풍잎을 내놓으셨다. 이것을 주우면서 수녀님들은 우리 부부를 생각했을 것이다.

그 분들의 따뜻한 마음이 너무 고맙고 더할 나위 없이 우리 부부를 행복하게 한다.

요즈음은 사람이 그립다. 위독한 지경을 넘어 조금은 안정된 탓일까.

찾아오는 사람의 면면도 많이 바뀌었다.

보고 싶을 때, 찾아와 주지 않는 사람을 잠깐 원망해 보기도 한다.

참 사랑은 늘 처음처럼 지속적인 관심을 보여주는 것인데…

그러나, 이내, 그러한 생각은 나의 과욕에서 비롯된 것임을 잘 안다.

그들에게는 그들의 현실이 있음을 나는 알아야 한다.

나한테 필요한 사람은 지금 모두 내 곁에 있다.

이 세상 어느 누구보다도 사랑스럽고 예쁜 아내가 한 시도 나의 곁을 떠나지 않고 나를 지켜보고 있지 않은가.

그것으로 나는 충분히 행복하다.

그리고 우리 위에는 주님이, 예수님이, 성모님이 늘 지켜주시고 있지 않은가.

보고 싶은 사람들을 향한 그리운 투정에 일순 부끄러움을 느낀다.

다시 감사하는 마음으로 주님을 찾는다.

이렇게까지 삶의 소중한 시간을 내려주신 주님의 사랑과, 이렇게까지 삶의 감동을 주시는 주님의 은총을 우리 부부는 벅차게 감당하고 있다.

늘 행복한 마음, 왜, 가끔 그것을 깨닫지 못할까.

1999년 10월 24일 (1)

오전에 박 데레사 수녀님이 다녀가시면서 아내에게 책 이야기를 꺼냈다.

박 수녀님은 내가 그 동안 병상에서 겪었던 일들과 한국에서의 호스·피스 활동, 그리고 죽음 앞에서도 흔들리지 않고 웃음으로 화목을 지켜내며 오히려 주변의 사람들을 격려하고 사랑을 나누고자 애쓰는 우리 가정의 아름다운 모습들을 기록으로 남겨, 책을 냈으면 하는 바램을 전하고 가셨다고 한다.

정말, 한 권의 책을 남기고 싶었다.

반드시 책이 아니어도 좋다. 나름대로 소중한 의미를 담은 기록을 남기고 싶었다.

주님은 지금 나에게 시간을 주고 계시지 않은가. 의미 있는 일거리를 맡기시려고 시간의 은총을 내리고 있지 않은가.

드디어 할 일을 찾았다고 생각하니 의욕이 더 용솟음치는 듯 하다.

계획대로 「성서」를 통독하고 틈틈마다 열심히 글과 대화를 기록으로 남기자.

수녀님의 바램이 나의 바램이다. 나에게 맡겨준 일거리에 몰입하도록 하자.

오후 네 시가 되어 가족들이 왔다. 병실에서 함께 식사를 하니 감개가 무량하였다.

식사를 마치고 가족들은 가을 경치를 배경으로 사진을 찍으러 바깥으로 나갔다.

잠시 후에 매형과 누나가 들어오셨다.

하루 중, 가장 피곤한 저녁 무렵의 시간이었는데도 누나와 매형의 목소리를 들으니 몸과 마음이 순식간에 평정된다. 언제나 나에게 순도 높은 사랑을 베풀어주시는 누나와 매형의 목소리가 따뜻하게 가슴 속으로 흘러든다.

가족들이 돌아간 후, 동생네 가족들이 찾아왔다. 거의 한 달 동안 연락이 없었는데, 그래서 꽤씸했었는데, 막상 얼굴을 마주하여 내 손을 잡아주는 동생을 보니, 내심 무척 반가웠다.

그 애의 눈빛은 과거의 진실한 모습, 그대로이다. 오랜만에 동생을 만나 이야기를 나누니 마음이 개운해졌다.

동생네 식구들이 떠나고 나자, 셋째, 넷째 처제 부부가 찾아왔다. 셋째는 출산 한 달 만에, 넷째는 일주일만에 나를 보러 온 것이다.

그 동안의 내 사정을 누나가 다 설명해 주었다.

열 시가 넘어 모두가 떠나간 자리에 누나와 나만 남았다. 누나와 나는 내가 일주일 동안에 있었던 변화에 대해서 이야기를 하였다. 누나는 항상 그랬듯이 따뜻하게 내 말을 들어주고 격려한다. 틈틈이 자다가도 누나는 피곤한 기색 하나 없이 내 말을 들어주고 웃어준다. 불편한 잠자리, 누나는 잠을 별로 못 잤을 것이다.

지난 한 주일, 모두가 고맙다.

아내, 누나, 매형, 아버지, 어머니, 루피나, 가브리엘, 동생 가족, 처제와 동서들, 수녀님들, 매일 전화 주는 희창에게 특히 감사한다.

나의 소중한 사람들.

1999년 10월 24일 (2)

간절한 소망 하나.

세상 떠나는 어느 날, 이 세상을 향해 잘 살았노라고, 행복했노라고, 내가 사랑하는 사람들에게 활짝 웃으며 눈을 감는 것.

난, 이제 그 바램을 이룰 것 같다.

주님, 감사합니다.

1999년 10월 24일 (3)

다음 세상에서 하고픈 수백 가지의 일들이 있다.

이 세상에서의 삶을 마감하면서
다음 세상에서의 삶을 궁리할 것.
치열한 반성과 절실한 신앙에 바탕을 둔 내면의 기록일 것.

1999년 10월 25일(1)
· 나를 지켜 주시는 감사한 분들의 편지를 받자.
· 아내, 대창, 박 데레사 수녀님, 사라 수녀님, 신부님, 조 석구 선생님,
  간호사 선생님들(한마디), 자원봉사자 여러분들(한마디).
· 세상에 남기는 감사의 기도문을 쓰자.
· 호스피스 활동이란?
  박수녀님, 조선생님, 원장님, 봉사원
· 내가 만난 호스피스(그 동안의 과정과 기쁨): 녹음 이용

1999년 10월 25일(2)
기분이 날 듯, 상쾌한 아침을 맞았다.
병마의 고통과는 무관한 듯, 기분은 정상인이었다.
어제, 대창이와 명순이, 기철이가 다녀가서 기분이 좋아서일까.
그러나 몸을 일으키려 하자 꼼짝 못했다. 천근 만근의 돌덩이처럼 무
겁다.
점심 식사 후, 근 여섯 시간에 걸쳐 벼랑 끝에 선 느낌을 받았다.

이제 끝이다. 여기서 무너지면 정말 끝이다.

몸은 점점 굳어져 가고 정신마저 혼미해져 갔다.

변비의 고통은 정말로 나를 미치게 했다.

아내의 도움을 받아가며, 화장실에서 한 시간 동안의 사투 끝에 이뤄 낸 쾌변, 실로 몇 년 만의 장거였는지 모른다. 숙변과 장 속의 모든 찌꺼기를 항문 밖으로 몰아낸 기분이다.

아내와 나라면 못할 것이 없구나.

행복했다.

간호사 선생님들에게 정말로 감사를 드린다.

무얼 예쁘게 봐주셨는지 격려문도 써 붙여 주시고 테이프 녹음(영아 간호사님), 엽서(권 영희 간호사님), 거기다가 9층의 간호사 선생님들께서는 예쁜 점토 인형을 선물하여 주셨다. 너무나도 고맙고 따뜻한 선물이었다.

선생님들, 고맙습니다.

격무에 시달리면서도 희망을 주는 미소를 잃지 않으시고 친절한 선물까지 주셔서 정말로 고맙습니다.

꼭 일어나 보답하겠습니다.

그리고 돌아오는 크리스마스 때는 우리 파티 해요. 괜찮죠?

다시 또 따뜻한 은총을 받은 하루였다.

감사, 또 감사.

1999년 10월 26일

깊은 나락 속으로 꺼져 가는 것처럼 무거운 몸으로 아침을 맞이했다. 천근만근의 무게로 내 정신과 몸이 꺼져갈 때마다, 나를 흔들어 깨우는 영혼의 지주들이 있다.

박 데레사 수녀님, 사라 수녀님, 신 기류 목사님, 송 요한 형님, 신부님의 봉성체.

내 영혼과 육신이 고통 속에서 꺼져갈 때마다 순번을 정하신 것처럼 이 분들은 나를 찾아와 큰 용기와 격려를 주고 가신다.

헤아릴 수 없는 주님의 은총에 다시 한번 감사를 드린다.

우리들은 살아가면서 마치 내가 이 세상의 주인인 양 여기면서 살 때가 많다. 내가 있기에 이 세상이 존재한다고 생각하는 사람도 있다. 나를 중심에 놓고 세상을 바라보기에, 우리는 흔히 주관적 독선과 아집의 오류에 빠지곤 한다.

그러는 우리는, 우리도 모르는 새에 수많은 존재의 관계망 속에서 다른 사람의 관심과 도움을 받으며 살아가고 있다.

마지막으로 팔락거리는 촛불처럼 점점 쇠잔해가기만 하는 나, 촛불의 주위를 에워 싼 순결한 빛처럼 고마운 영혼들…

주님과 그 그늘 아래, 순결하고 고마운 영혼들을 위한 나의 기도는 아직도 미력하기만 하다.

주님, 주님의 은총과 사랑 속에서 저의 기도가 살아서 숨쉬게 해주십시오.

1999년 10월 27일

오늘은 가족들이 모이는 날이다.

점심 무렵에는 어머니가, 세 시 경에는 아버지와 민지, 민우, 그리고 막내 처제가 다녀갔다.

지난주에는 사라 수녀님께서 나를 위해 즉석 콘서트를 준비해 주셨다. 가슴 벅찬 기쁨과 감동으로 우리 식구들을 울먹이게 만들었는데, 오늘 다시 9114호실에 사랑의 무대가 세워졌다.

거대한 성채처럼 나를 압도하던 수녀님들의 사랑과 격려의 보람도 없이 화장실에서 쓰러졌다.

'이제는 끝이구나' 라는 생각이 번개처럼 머리에 꽂혔다.

정말 기억하고 싶지 않은 순간이었다. 무섭고 처절한 고통의 순간이었다.

사라 수녀님, 당신은 사랑 그 자체입니다.

저는 사랑 앞에서 울고 마는 어린아이입니다.

따뜻하고 부드러운 사랑의 손길에 감전되어 이제 어쩔 줄 모르는 어린아이입니다.

사라 수녀님, 빨간 단풍나무를 배경으로 하여 찍은 사진을 보았습니다.

사라 수녀님, 붉은 단풍의 사랑 그 자체입니다.

1999년 10월 28일

잠을 깨서 바라본 창밖에는 가을비가 내리고 있었다. 오랜만에 보는 비다. 이 비가 그치면 다시 11월이 오고 가을이 깊어갈 것이다. 그리고 겨울이 오고, 나는…

문득, 무력감과 함께 두려움이 엄습한다.

평화롭게, 무심한 듯, 내 인생을 관조하다가도 불현듯 들이치는 두려움에 숨막혀 한다. 이 두려움의 정체는 무엇일까.

1999년 10월 29일 (1)

무엇엔가 눌리운 듯, 무거운 몸으로 하루를 맞았다.

높고 푸른 하늘은 완연한 가을 색이다.

푸른 하늘을 구멍이 날 정도로 쳐다보았다.

비상하고 싶었다. 그러나 몸이 무거웠다.

변비에 대한 두려움 때문에 마음이 편치 못했다. 오늘도 무척 고생할 것 같았다. 어렵게 변을 보았으나 오전 내내 속이 뒤틀렸다. 무척 힘들고 괴로웠다.

오후 들어 견진 성사를 받았다.

수녀님, 간호사님, 송 요한 형님, 많은 봉사자들이 오셔서 진심으로 축복해 주셨다.

1999년 10월 29일 (2)

수녀님에게

가을이 깊어가며 단풍도 붉은 생의 절정을 넘어 누런빛으로 말라가고 있습니다.

시간이 흐르면서 사랑도 깊어지면 저 산의 단풍처럼 빛이 바래고 마르게 되나요?

그러나 주님의 사랑은 끊임없이 깊어 가고 있음을 느낍니다. 주님의 끝없는 사랑 속에서 우리는 그저 거듭 태어나는 사랑의 피조물임을 느끼고 있습니다.

다함이 없는 주님의 사랑은 넘치는 해일로 저에게 오고 있습니다.

넘치는 사랑의 바다로 저를 이끌고 인도해 주시는 소화 데레사 수녀님, 당신은 어머니처럼 포근하십니다. 모든 사람에게 당신은 너그럽고 따뜻하십니다. 치우침이 없는 균형감으로 공평무사하시면서 웃음을 잃지 않고 열과 성을 다해 주님의 사랑을 실천하십니다. 그렇게 바쁘신 가운데서도 저 미카엘이나 아내 제노베파를 대견스럽게 생각해주시고 용기와 격려를 아끼지 않으십니다.

수녀님 앞에서 저는 아기가 됩니다. 당신은 아기의 재롱을 맘껏 받아 주십니다. 수녀님의 격려와 위로 속에서 저는 주님의 은총과 사랑을 느끼며 용기를 잃지 않고 있습니다.

허약한 저의 삶에 주님의 과제를 주시고 마지막까지 제가 해야할 일을 일깨워 주시는 수녀님, 받기만 하는 수녀님의 사랑을 저는 지금 분에 넘쳐하고 있습니다.

수녀님, 깊은 감사의 마음으로 사랑합니다.

주님의 끝없는 사랑 속에서 다시 태어난 저에게 수녀님은 어머니처럼 저의 손을 이끌고 새로운 세상을 보여주고 계십니다.

수녀님처럼 이제 저도 베푸는 삶을 살고 싶습니다.

호스피스과 자원봉사자 여러분들과 우리의 아가다가 주님의 사랑이 넘치는 은총의 바다에서 흔들림 없이 이 세상을 걸어갈 수 있도록 애타게 기도하겠습니다.

그리고 수녀님께 깊은 감사의 기도와 묵상을 드립니다.

1999년 10월 29일 (3)

어머니 수녀님, 지난 2주 동안 정신적, 육체적으로 무척 힘이 들었습니다. 그 때마다 수녀님의 사랑 어린 격려 속에서 저는 거듭 태어날 수가 있었습니다.

수녀님의 너그러운 손길과 온화한 미소 속에서 다시 태어나 유리창 너머의 단풍도 보고 바람 소리도 듣고 있습니다.

바깥바람이 차고 싸늘하다고 합니다.

옷 두툼히 잘 입으시고 건강 잃지 마십시오.

한없이 투정을 부리고 싶은 수녀님, 수녀님의 사랑 속에서 주님을 느끼며 저 또한 주님의 사랑을 조금이라도 실천하고 싶습니다.

저에게 이 많은 사랑이 오다니……

전부 다 수녀님의 덕분이라는 것을 잘 압니다.

겨울은 벌써 우리 곁에 와 있죠? 어디서든 크리스마스 파티는 꼭 하고 싶습니다. 꼭 할 수 있도록 도와주십시오.

어머니 수녀님, 사랑합니다.

주님과 당신의 아들 미카엘 드립니다.

1999년 10월 30일(1)

맑은 햇살로 충만한 9114호 병실은 지금 평화롭다.

아내는 여섯 시에 성당에 갔다.

가을 햇살이 내 몸 구석까지 들어와 시들어 가는 온 몸의 세포와 신경을 일깨우는 듯 하다.

녹음을 시작하였다.

호스피스와 마주 앉아 내 삶의 기쁨과 상처를 하나하나 헤아려 보았다. 차분한 목소리에 실린 내 삶의 실타래를 하나하나 풀어보았다.

평화롭게 시간이 흐르는 것을 느낀다.

오전에는 아버지의 친구분 내외가 다녀가시고 어머니께서도 오셨다.

오후에는 셋째 처제가 왔다. 처제는 나를 보자마자 눈물을 글썽였다. 살이 너무 빠졌다고 한다.

그럭저럭 가족 모두가 모인 셈이다.

그리고 사라 수녀님도 찾아 오셨다. 일 때문에 며칠 동안 못들리신다며 일부러 찾아주신 것이다.

수녀님께서는 나를 보듬어 주시며 사랑 가득한 용기를 주셨다. 수녀님은 나만 사랑하시는 것이 아니라 우리 가족 모두에게 사랑을 주셨다.

가을 햇살처럼 맑고 따뜻한 수녀님의 사랑 속에서 깊은 잠을 자고 싶었다.

저녁에는 늘 그랬던 것처럼 사랑하는 누나가 날 찾아주었다.

평화롭고 행복한 하루였다.

1999년 10월 30일 (2)

지상의 병실 하나, 9114호.

이 곳은 죽음을 앞 둔 환자가 사별의 고통과 두려움 없이 새로운 세계로 들어가는 것을 도와주는 방입니다.

처음 이 방에 들어온 환자는 낯설고 어색하기만 합니다. 그것은 의사 선생님도 간호사 선생님도 마찬가지입니다. 선생님들은 치료와 간호에만 열중할 뿐이었습니다.

죽음을 목전에 둔 환자에게 섣부른 말 한마디가 아무 의미도 없다는 것을 잘 알아서 그랬을 겁니다.

그러나 저는 생각을 달리 했습니다.

어차피 받아들일 수밖에 없는 죽음, 그 앞에서 가능하면 초연해지리라 마음을 먹었습니다.

병원의 선생님께서는 처음에 위암 말기의 판정을 내리시며 집에 가서 편안한 요양을 권유하였습니다.

저는 간청을 하였습니다. 고통에서만이라도 벗어나게 해달라는 사정 끝에 입원을 허락 받을 수 있었습니다.

초조한 모습을 보이지 않으려 애를 썼습니다. 되도록이면 초연하고 편안한 자세로 간호사 선생님들에게 말을 건네며 병실의 어색한 공기를 바꾸려고 노력했습니다.

수척할 대로 수척해진 얼굴이었지만 항상 웃으려고 노력했습니다. 조그만 일 하나에도 감사의 인사를 드렸습니다.

얼마 남지 않은 삶의 시간들일 망정 최선을 다하려는 나의 투병 모습에 간호사 선생님들의 마음도 열리기 시작했습니다.

변화는 병실의 벽에서부터 왔습니다.

몇 장씩 붙기 시작한 사진에서부터 사랑과 격려의 편지가 나를 감동시키더니 '미카엘과의 나눔의 장'이라는 게시 공간까지 마련되었습니다.

9114호 병실은 이제 지상에서의 마지막 내 방이 되었습니다.

간호사 선생님들의 발걸음은 더욱 가벼워 보였으며 바쁜 업무에도 불구하고 혼연일체가 되어 나의 마지막 소생 의지를 도와주었습니다.

죽음을 앞 둔 사람 같지 않은, 죽음을 앞 둔 환자, 간호사 선생님들은 그렇게 생각하는 것 같았습니다.

수간호사 선생님을 중심으로 간호사 선생님들은 나의 고통을 나보다도 더 아프게 느끼고 그 아픔을 함께 해주셨습니다.

2년여에 걸친 약물 치료로 내 팔뚝의 핏줄은 이제 어딘 가로 모두 숨어버렸습니다. 우리는 한 마음이 되어 금맥을 뒤지듯 핏줄을 찾았습니다. 서너 번이 넘어가는 주사 끝, 탐사의 통증도 잘 참아낼 수 있었습니다.

나의 식사가 조금이라도 부실할라치면 선생님들은 부모님처럼 꾸짖었으며 어떤 날은 잘 잤다고 칭찬도 해주셨습니다.

내가 쓰러져 넘어지면 부축해 주고 나눔의 장에 정성스런 글귀를 준비하여 주시고 인형, 악세사리, 음악 테이프, 사탕에다 환한 사랑의 마음을 담아 사그러드는 내 영혼과 육신의 심지에 빛을 보태주었습니다.

나는 웃기는 위암 말기의 환자입니다.

옆에서는 열심히 피검사를 하는데 어떤 때는, 감히 선생님 앞에서 담배를 피우기도 하였습니다.

선생님들께서는 나의 모든 것을 다 이해하여 받아 주셨습니다. 나의 삶의 조건을 회피하지 않고 응시하는, 아니 응시하려고 노력하는 나의 안타까운 고통의 몸짓을 다 이해하고 받아주신 것입니다.

나는 그분들이 소중하고 사랑스럽습니다.

선생님 여러분, 감사합니다. 그리고 사랑합니다.

1999년 10월 31일(1)

편안한 잠에서 깨어나 하루를 준비한다.

오늘 하루도 평화롭게 건너갈 수 있을까.

아침 봉성체 후, 둘째 내외가 찾아 주었다. 반갑고 그리웠던 얼굴들, 그들이 떠나자마자 셋째 동서 내외가 찾아왔다. 많이 힘들텐데……

셋째 처제는 오늘도 소리 죽여 울었다.

오늘따라 더욱 더 애잔해 보이는 처제.

다른 사람을 울게 만들고, 아프게 하는 나의 아픔과 고통, 이 울음과 고통도 힘이 되리라.

오후 세 시가 넘어 아내의 가게에서 일을 보아주는 유설과 세영이가 왔다.

그들도 눈물만 흘렸다.

나의 고통은 이미, 나만의 고통을 넘어 그들의 아픈 눈물이었다.

1999년 10월 31일(2)

나는 사랑을 몰고 다니는 목동입니다

사랑을 몰고 다니며

희망의 씨앗을 한 웅큼씩 뿌려

고통과 절망에 빠진 사람들에게 용기의 말을 건넵니다

그러나 사랑을 몰고 다니면서도

저는 사랑을 잃고 넋 빠질 때가 있습니다
고통의 끝에서
아픔의 끝에서
그리운 사람들의 눈물을 볼 때마다
내 몸이 마음대로 움직이지 않을 때마다
사랑은 분노의 창끝이 되어
바늘구멍조차 뚫을 수 없는
옹졸한 몸과 마음으로
주위의 사람들을 어리둥절하게 합니다
그래서,
나는 사랑을 몰아내는 악동입니다

나의 사랑은 웃음에서부터 시작됩니다
내가 웃을 때마다
사람들은 더욱 더 아름다운 웃음으로
나의 웃음을 마중합니다
사랑과 격려의 웃음
정성과 배려의 웃음
주님의 은총을 느끼는 웃음
이 모든 웃음도

나의 웃음에서 비롯됨을 다시 느낍니다
웃음 속에 천사가 있고 아기가 있습니다
아기의 마음처럼
맑은 사랑이 있습니다

다시 사랑을 몰고 다니는 목동이고자 합니다
아프리카 희망봉까지
히말라야 만년설까지
사랑을 몰고 떠나고 싶습니다
사랑의 길, 그 순수의 길에서
순교하는 목동이고 싶습니다

이 세상이 끝날 때까지 웃겠습니다

1999년 11월 1일
늦은 가을 아침이다.
만추의 스산한 기운을 온 몸으로 느끼고 있다. 날이 흐린 게, 어쩌면
비가 올 지도 모르겠다.
기운이 없을 뿐, 몸의 상태는 그럭저럭 괜찮다.
어쩌면 기분 좋은 하루가 될 것 같다.

마치 아들처럼 살가운, 막내 처남 희창이가 오는 날이다.

얼마나 기다렸나, 보고 싶은 얼굴이었다.

희창이는 삐뚤어진 것을 못 본다.

무엇이든 마음에 들어 제 자리를 잡아주고 나면 그것이 흐트러지는 것을 못 본다.

우리들은 속이나 겉이나 눈 가리고 아옹 하는 것을 참을 수 없어 한다.

매사에 처남과 나는 찰떡 궁합이 되어 서로를 이해하고 곧잘 우리의 방식대로 우리의 뜻을 관철시켜 버린다.

가끔 처남은 자신이 너무도 많이 매형을 닮았다며 놀라곤 한다.

"매형, 이러다가 나도 매형처럼 병에 걸리지 않을까?"

나의 신경과 세포처럼 처남은 매형에 대해 예민하고 정직하다.

처남은 병간호의 왕이다.

처남이 오는 날, 아내는 할 일이 없어진다.

처남 희창이는 '웃기는 놈'이다.

그 애는 심성이 고와 뭇 사람들로부터 '저렇게 진솔되고 착할 수가 있을까'라는 칭찬을 많이 듣는다.

어쩌다가 다른 사람에게 상처를 주었을 때는 '나는 왜 그 사람에게 착하게 대해주지 못했을까', 하는 자책감에 한참동안을 괴로워하기도 한다.

그 애의 생활 지표는 한 마디로 '착하게 이 세상을 살아가는 것'이다.

착한 애가 착하게 사는 것이 생의 목표라니 그 애는 '웃기는 놈'일 수밖에 없다.

희창이는 웃음을 아끼지 않는다.

'웃기는 놈'이 아니랄까봐 늘 웃는 그 얼굴이 나는 좋다.

1999년 11월 2일(1)

어딘가에 숨어있던 복병처럼 고통이 다시 엄습하고 있다. 식은땀을 흘리면서 묵묵히 견디어 낼 수밖에 없다.

일순 포성이 그친 전쟁터처럼 고통과의 전쟁은 잠시 휴전이다.

갑자기 차분해진다.

지난날의 기억이 주마등처럼 흘러간다. 음악의 선율 속에 용해되어 간다.

고통의 끝, 그 다음은 다시 무엇일까. 그리고 이 삶의 끝은 어디일까 어떻게 끝날 것인가?

그 동안 인내를 하며 이 삶의 기회를 주신 주님께 감사의 기도를 드린다. 그리고 주위의 고맙고 다정한 사람들에게도 무한한 감사의 마음을 드린다.

이렇게 차분하고 맑은 영혼으로 떠나고 싶다.

내가 주님의 사랑과 은총에 대신하여 바칠 수 있는 유일한 선물, 내 주위의 그립고 고마운 사람들에게 남길 수 있는 유일한 선물, 웃음과 맑은 영혼, 그것뿐이리.

짧은 삶을 뒤돌아보지 말자
남은 삶에 대한 집착이 자꾸만 지나간 기억을 불러오는 것은 아닐까

우리들 소유의 관성
하나 둘씩 늘어갈 때의 뿌듯함
수반되는 상실의 두려움

누가 있어 흐르는 시간을 소유할 수 있을까
흐르는 시간은
모두에게 주어지는
주님의 공평한 선물
소유하고 상실할 수 없는
순간의 빛
사랑의 빛
이 세상 어느 누구에게나 내리는
가장 짧은 순간의 빛, 사랑의 빛

나에게 짧은 것은

아직까지도 많이 남았다고 생각하는
나의 삶이 아니다
순간의 사랑을
온 몸으로 느끼지 못하는
매순간 내리는
주님의 은총을
느끼지 못하는
우둔하고도 짧은 나의 감각이다
자꾸만 탁해지는
나의 영혼이다

1999년 11월 2일 (2)

* 이 글은 고인의 아내가 남겨놓은 편지임.

사랑하는 당신

당신에게 해주고싶은 것이 왜 그리 많은지 모르겠습니다.

그 누가 있어 사랑하는 사람에 대한 애달픔을 알겠습니까.

당신에 대한 나의 마음을 어떻게 설명할까요?

파도 속을 헤치고 나온 듯, 나의 헝클어진 머리 속에서 오로지 갈망하는 것은 당신의 존재입니다.

당신, 정말로 사랑합니다.

당신의 고통과 아픔에 가슴이 짓눌리고 이제는 누워있는 당신이 안타깝도록 그리워 가슴을 억누르지요.

사랑은 자기 자신을 지우고 비워야 한다는 것을 잘 압니다. 그러나 지금 흐르는 눈물을 어떻게 할 수가 없네요.

학창 시절 만난 당신은 나의 기둥이자 울타리였습니다.

힘들었던 그 시절 나를 지탱해준 기둥이었으며 아버지의 사랑마저 느끼게 해준 울타리였습니다.

당신은 믿어 의심치 않는 높고 든든한 사랑이었습니다.

시간이 가고 우리의 아이를 낳고 우리가 경영하는 생활 속에서도 당신에 대한 사랑은 늘 가슴 깊숙한 곳에 보석처럼 묻어두었습니다.

하늘이 무너지는 시련과 고통 앞에서도 흔들리지 않으리라 수도 없이 다짐했습니다.

당신을 향한 나의 이 절절한 사랑이 온전히 당신에게 가 닿아, 아아, 기적처럼, 정말 기적처럼 자리에서 벌떡 일어나 성큼성큼 걸어서 나에게로 다가왔으면 얼마나 좋을까요.

지나간 세월 속에서, 나, 당신을 힘들게 한 적도 많이 있었습니다. 그리고 문득문득 나의 사랑을 스치고 지나가는 당신을 원망한 적도 있었습니다.

사랑하는 당신
지나간 시간 속의 나의 사랑을 부끄러워합니다.

시련과 고통의 지금 이 시간, 당신과 함께 저의 사랑은 커가고 있습니다. 언제쯤이면 내 사랑의 키도 훌쩍 자라 당신 사랑인 듯, 높고 든든한 우리들의 울타리가 될까요.

당신께 사랑의 입맞춤을 보냅니다.

기운을 차리고 잘 이겨내리라 늘 기도합니다.

주님과 함께 손잡고 늘 기도합니다.

1999년 11월 3일

이른 새벽 눈을 떴다.

아직은 동트지 않은 시간, 정신은 맑고 영롱하기만 하다.

'혼(魂)'이 불러 시 같은 하루가 될 것 같다.

이른 아침부터 송 요한 형님, 박 데레사 수녀님, 자원봉사자 여러분들이 다녀가셨다.

나를 보고 즐거워하시며 돌아가셨다. 나 또한 그분들에게 기쁨을 드린 것 같아 마음이 가벼웠다.

오후 들어 반가운 매형, 아버지, 민우, 녹양동 본당 신부님과 구역장님께서 봉성체를 주시려고 이곳에 오셨다.

참으로 고마웠다.

오늘의 하이라이트는 여섯 분의 수녀님께서 나를 위해 올려주신 기도였다.

애잔하면서도 지극한 기도, 대단한 은총이었다.
성모 일도 기도!
저녁 때 누나가 와서 오늘의 일들에 대한 의미를 정리해주셨다.

세상의 모든 빛을 안으로 감추어
오히려 영롱한
흑진주의 아름다움
몸 가누지 못하는 지친 영혼을
성모 일도로 채워 주신
아름다운 흑진주의 수녀님들
진정한 아름다움은
맑은 혼에서 온다.
맑은 혼으로 빚어진
나눔과 베풂의 정성은
일체를 이루어
은총의 바다를 이루어
주님의 품안에서 잠들게 하다

1999년 11월 5일
아침부터 몸이 아프기 시작하였다.

'출입금지' 푯말을 달고 오전 내낸 잠들었다.

요한 형님이 다녀가신 후 통증도 가라앉았다.

제법 평온한 상태다.

오랜만에 아내와 대화를 나눌 수 있었다. 아내의 희생과 사랑이 뚝뚝 묻어난다.

또 나는 아내 앞에서 괜시리 도도해지고 높아지려 한다.

그런 나를 아내는 무서워한다.

끝까지 나를 인내하고 이해하는 아내의 사랑, 그 지극한 사랑 속에서 연명하는 나.

1999년 11월 6일

영혼과 함께 하는 하루하루가 아름답기만 합니다.

영혼은 영원한 것이니까요.

이 세상의 어느 영혼이나

주님은 기꺼이 손을 내밀어

함께 해주십니다.

집에 가는 날이다.

간호사 선생님들께서 위로파티를 해주셨다.

우리는 손에 손을 잡고 사진을 찍었다. 진이 선생님 결혼 축하 드리고 조그만 선물 주고받으며, 지상의 병실 하나, 웃음의 함박꽃을 피웠다.

한달 만에 돌아온 집,

집이 좋았다.

1999년 11월 9일

* 다음은 고 김대진(미카엘)씨가 선종하기 이틀 전에 남긴 편지입니다. 고인의 뜻을
받들어 「생활성서」 2000년 5월호와 가톨릭 Good News 게시판에도 올렸던 글을 전재하
는 글입니다. 전재를 격려해주신 「생활성서」사에 감사드립니다.

웃음꽃이 피는 ○ ○ ○ ○ 호실

가톨릭대학 의정부 성모병원의 한 병실, 이곳은 죽음을 앞둔 말기 암
환자가 새로운 세계로 잘 들어가도록 도와주는 방입니다. 이곳에 처음 들
어오는 환자나 그 가족은 병실에 있는 환자에게 어떻게 말을 붙여야 할지
몰라 아주 어색해 합니다. 왜냐하면 환자가 죽음의 고통을 안고 누워 있어
무슨 말을 꺼내야 할지 몰라 당황하기 때문입니다.

98년 1월, 처음 위암이라는 진단을 받고 수술한 E병원. 치료가 잘 되
지 않아 다시 찾았던 S병원. 여러 곳에서 치료를 받았지만 치료 효과가 없
어서 그곳들을 퇴원해야만 했습니다. 그 후 누군가가 이끈 것처럼 의정부
성모병원을 알게 되었고, 가족들의 많은 반대에도 결국 진료를 맡기기 위
해 이곳을 택하였습니다. 지금 생각해보니 이곳에서 치료를 받기로 결정
한 일은 주님의 은총이었던 것 같습니다.

99년 9월 17일, 입원하여 여러 검사를 받고 나서 다시 한번 위암 말기

라는 진단을 받았습니다. 더 이상 손댈 수 없는 지경이므로 집에서 요양하는 게 좋겠다는 의사 선생님의 말씀에, 제발 이 고통만이라도 벗어나게 해달라고 애걸하여 겨우 입원을 허락 받았습니다.

8층에 있는 3인용 병실에 한 자리가 비어 있어 입원할 수 있었습니다. 고통이 심하여 몸부림치고 소리칠 때면 한 방에 있는 환자들에게 미안한 마음이 들어 될 수 있으면 참으려고 했습니다. 그렇지만 복부의 통증과 함께 그분들 때문에 아픔을 참아야 하는 일이 제게는 이중의 고통이었습니다. 치료를 받는 동안에 이 병원에는 죽음이 얼마 남지 않은 환자를 위해서 그들의 통증을 관리하고 새로운 세계(죽음)로 들어가기 전에 쉬어가도록 돌보아주는 '호스피스 병실'이라는 곳이 있고, 그곳에서 봉사하는 분들이 계시다는 것을 알게 되었습니다.

주님의 은총으로 제게 나타나신 분들, 견진성사의 대부님이 되어준 고마운 봉사자 요한 형님. 죽음의 고통을 잊게 해준 조석구 교수님과 다른 의사 선생님들의 노력으로 고통은 차츰 줄어들었습니다. 모든 이에게 사랑을 골고루 베풀어주시는 관대한 호스피스 수녀님. 주님의 도구가 되도록 깨닫게 해준, 사랑이 가득한 원목실 수녀님. 당신은 낭떠러지에 있는 한 가닥 나뭇가지에 간신히 매달려 주님을 찾는 이의 이야기를 제게 들려주었습니다. 그 얘기를 듣고 저는 삶에 대한 확신과 무엇보다 소중한 주님의 뜻을 초연히 받아들일 수 있었습니다.

그리고 병고에 시달리는 고통스러운 시간이면 날마다 찾아와 기도와

도움을 주던 자원봉사자들. 그분들의 따뜻한 말 한마디와 부드러운 손길로 고통에 지쳐 있던 제 몸과 마음은 활기를 되찾기 시작했습니다. 또한 저의 소생을 간절하게 바라며 도와주는 간호사 선생님들. 2년간의 약물치료로 제 양팔에서 혈관을 찾는 일은 금맥을 찾는 일보다 더욱 어려웠습니다. 설령 주사바늘에 세번, 네번 찔리고 혈관이 터져 그 자리가 붓는다 해도 짜증을 부릴 수 없었습니다. 제 팔의 상태는 제가 더 잘 알고 있으므로 너무 애쓰시는 그분들에게 짜증을 낼 수는 없었습니다. 그분들은 제게 엽서도 갖다주고 음악을 녹음하여 주기도 하였습니다. 하여튼 저는 복 받은 환자였습니다. 가끔 담배를 피워서 간호사 선생님들로부터 정 가득한 눈 흘김을 받기도 했지만, 그분들은 말 그대로 백의의 천사였습니다.

제가 입원해 있는 이 병실은 아름답기만 합니다. 병실 문을 열면 오른쪽 벽에는 주의 세례명인 '미카엘'이란 세글자를 색깔별 종이로 만들어 그 위에 수많은 이들의 격려화 사랑의 글을 적어 놓은 게시판이 있습니다. 어떤 주사보다도 더 효과가 큰 치료제입니다. 그리고 맞은 편 문에는 얼마 전 병실에서 특별 견진 성사를 받았을 때 찍었던 고마운 분들의 사진이 붙어 있습니다. 처음 호스피스 수녀님의 권유로 이 병실을 사랑과 나눔이 있는 병실로 꾸미기 시작했습니다. 이런 나눔을 통해 모든 분들의 발걸음이 더욱 가벼워졌고 저 또한 편한 마음으로 주님께 나아갈 수 있게 되었습니다.

얼마 전 원목실 수녀님이 아내 제노베파와 제게 말씀하였습니다. "미카엘, 아낌없이 베푸는 그 활짝 핀 웃음으로 무서운 고통을 감내하며, 쓰러지지 않는 참된 용기에 탄복을 금치 못하겠어요." 수녀님의 이 한마디로 저는 다시 용기가 났습니다. 저의 웃음 띤 얼굴을 보며 저의 소생을 간절히 바라는 분들로 말미암아 전 나이가 사십이 되었는데도 아기와 같이 변해갑니다. 평온하고 따뜻함이 가득한 성모병원 호스피스 봉사활동이 저와 같은 병으로 삶의 고통을 느끼는 이들에게 두루 알려지기를 바랍니다. 그리고 저를 사랑해주시는 모든 분들을 위해 몸 안에 남아 있는 힘을 다 모아 주님께 저의 바람 하나를 청하여 기도 드립니다.

세상 떠나는 어느 날
이 세상을 향해
잘 살았노라고, 행복했노라고 웃음 지으며
내가 사랑했던 사람들에게
활짝 웃으며 눈을 감는 것입니다
감사합니다
1999년 11월 9일
김대진 미카엘

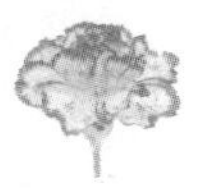

아내에게

빛나는 수식도
당당한 주장도
당신의 것이 아닙니다
당신은
참고 견디는 법을 압니다
존경의 미덕을 압니다
때로는 그것에
숨막혀 했습니다
가장 소중한 것은
그 순간에 모릅니다
생활의 두께 속에서
나의 감각은 눈이 멀었습니다
아!
진정한 사랑의 그늘 속에
내가 눈멀고
서 있었음을
이제 압니다
당신의 사랑에
이제, 나는
무너지고 없습니다

아버지에게

묵묵히 걸어온
희생과 인내의 길
아버지의 길

중학시절부터
신문지로 말아 싼
양은 도시락은
대학시절이 갈 때까지
따뜻했습니다

도시락 종이의
신문 기사 한 줄도
따뜻했습니다

희생과 인내로
나를 덥혀온
아버지의 길

그 길 끝에 서서
아아
사랑하는 아버지

누나에게

힘들고 지친
나의 길 위에
느티나무 한 그루 있어,
그늘이 넉넉한
느티나무 한 그루 있어
덥지 않고
춥지 않았네

넉넉하고 따뜻한 손길로
내 손을 잡아주고
계절의 순리를 닮은 지혜로
나를 세워 주었네

내가 지나간
나의 길 위에
느티나무 한 그루 서서,
그늘이 넉넉한
느티나무 한 그루 서서
기우는 석양에
몸을 길게 늘이네

매형에게

당신은 온유하십니다
당신은 관대하십니다
세상 어떤 괴로움이 당신을 뒤흔들어도
당신은 흔들리지 않습니다
그 관대함에
고개가 숙여질 따름입니다
당신은 저에겐 희생 그 자체이십니다
저에겐 늘
열린 마음입니다
늘 보고 싶습니다
당신과
나는 긴말이 필요치 않습니다
침묵 속에서 오가는 구름 같은 평온

당신은 아낌이 없으십니다

당신이
가장 소중히 여기는
시간조차도

저에게는 아낌이 없습니다
어느 여름날 휴가 갔을 때
신경이 날카로운 제가 딸 민지에게
찐 계란을 던진 일이 있었지요
그것을 두고두고
절 놀렸었지요
그래도 매형은 절 이해해 주셨죠
차 타고 가다가 옆차와 싸워도
기꺼이 저의 편이 되어주셨죠

구월 십육일
이곳 병원으로 오기 전날
광릉수목원으로 데려다 주셨죠
저는 너무 지치고 힘이 없었죠
거동을 못하는 저를 업고
매형은 수목원을 돌았습니다
지쳐 가는 매형의 허리를 느끼며
얼마나 가슴이 아팠던 지요
그리고 그날 밤 매형은 아파서 누우셨습니다

아아, 당신은
아낌없이 주는 나무입니다

성남의 가족들에게

어머니,
당신은 크고 넓으십니다
아낌이 없으십니다
믿음이 첫째요. 기도가 첫째요. 반복하시면서
아들 같은, 친구 같은 사위였음을
자랑처럼 친지들에게 말씀하셨지요
과분했었습니다
오늘, 당신에게 고통스런 존재가 되지는
않았는지 두려움이 앞섭니다
어머니, 우뚝 일어설 게요
어머니의 믿음직한 기둥이 되어 보이겠습니다
지켜보아 주십시오
듬직한 당신의 맏사위가 되겠습니다
저는 어머니의 일등 사위거든요

제 아무리 손아래 식구들이 많아도
제가 누워있어
늘 죄송한 마음입니다
어서, 기운을 차려
일어나겠습니다
성남 대식구의
주춧돌이 되겠습니다

둘째 동서내외에게

때론 여린 가슴으로 흘리는 눈물을 보며
두 사람의 간절한 소망에
가슴이 저립니다
먼길을 마다 않고
찾아오는 귀한 발걸음
그 기다림은 어느덧 내 생활의
일부가 되었습니다
늘 떠나면 하는 말
형님, 형부, 다시 올 때까지 꼭 살아 계셔야 해요
그 말을 들을 때마다
난 용기를 갖습니다
이제는 일어날 때가 된 것 같아
희망과 기적이 내게 올 것 같아
그래 일어날께

셋째 내외에게

가까이에서나 멀리에서나
등대와 같은 존재
그 등대는 때론 희망으로, 믿음으로,
신뢰로 나를 밝힙니다
영원한 동반자들
아낌의 참 의미를 몸소 실천하고
고통을 함께 나누며 지내는
당신들이 자랑스럽습니다
서로를 너무나 잘 알기에
서로 바라만 보아도 참을 수 없는
뜨거운 눈물이 솟아오르고
사랑과 격려의 눈물이 흐르고
처제 울지마
나도 안 울께
그리고는 또 울고
그래, 울지 뭐
그렇게
당신들과 마음놓고
울었습니다

막내 동서 내외에게

이제 어른이야
우리 막내 내외
뒤치닥꺼리를 불평 없이 하고 있는
우리 착한 두 사람
그 맘 변치 말고
항상 식구들에게
큰 힘이 되어주기를 바래
막내 동서
조용한 가운데
듬직하고 정이 많은 것이
동서의 큰 장점이야
그 우직함으로
처갓집에 웃음을 던져주길 바래
이 고통과 시련을 이겨
내가 당당히 설 수 있도록
도와주는 두 사람
너무 고맙고
한번 꼭 실컷 웃게 해주리라

친구 김 신, 권기철, 남철우에게

고3 방랑의 시절에
나를 일깨워준 세 권의 책이 있었다

무기정학을 당하고 나서, 그 동안 짝궁이었던 친구 김 신이 성경책을
선물한 후, 주일에 교회를 가자고 했다
난 망설였었다
그 친구는 그냥 교회에 가서 앉아 있으면 된다고 했다
그는 진정 참 그리스도인이었다
방과후면 늘 그날의 공부와 과제물을 내가 읽건 말건 건네주고 가곤
했다
서두르지 않고 차분히 나를 그리스도인으로 교화시켜 갔다
그런데, 난 그리스도인이 되지 못했다
이제, 그를 백방으로 찾아보지만 그가 어디 있는지 모른다
이제는 내 곁에 성경책도 친구도 없다

정학이 끝나고 만난 새 짝꿍이 남 철우였다
그는 낙천적인 성격의 발랄한 이미지의 소유자였다
그가 나에게 건네 준 책은 '노먼 빈센트 필'목사님의
「적극적 사고 방식」이란 책이었다
그 책은 소극적이면서 자신이 할 일을 알지만

적극적으로 대처하지 못하는 나의 성격을
조금씩 변모시켜갔다

아직까지도 소중한 친구 기철은 늘 주문처럼 나에게 이야기하였다
"너는 다른 애들과는 정말 달라.
우리 둘은 해야할 일들이 다른 애들과는 다른 것 같아"
우리는 어느 날부터인가 우리들의 본질을 찾기 위해 노력하기 시작했다
그래, 난 달라
드디어 쇠창살 같던 단단한 나의 문이 삐걱대며 조금씩 열리기 시작
했다

대창에게

무욕은
서로를 비우게 한다.
비워서
넓고 허허로운 사이
그 사이를 채운
믿음
충만해오는 소통

나의 다른 너
너의 다른 나
우린 서로의 기둥이다
무성한 나무그늘이다
넓은 마당이다

가고 싶은 곳,
검푸른 파도가 몰아치는 제주
넓은 바다를 보며
비워서 넓고 허허로운
채워서 충만한 정열을
바라보자

어디론가 날 데려 가다오.
네가 가는 곳
나도 간다

이 세상 어디에서나
너와 나는 함께 있다
충만하고 허허로운 벗
고마운 내 반쪽이여

만기에게

널 안지도 십수년이 지났구나.
친형처럼 아껴주곤 하던 너에게
미안하단 말 밖엔 할 말이 없구나
태산처럼 쌓인 일
할 일은 많은데
넋을 놓고 있어야만 하는 내가 한심스럽기만 하다

'테크라인' 도약의 해가 내년인데
그것을 생각하면 가슴이 여미어 온다.
너에게 보답할 수 있는 해가 바로 내년인데
사뿐히 일어나 큰 일을 함께 이루어야 하는데
몸이 무겁구나
끝까지 나의 치유를 믿고
기다려주는 네가 너무 고맙다

81학번 동기들에게

우리는 어려움이 닥칠 때마다 서로에게
격려와 배려를 아끼지 않는다

우리의 개척정신은 잊지 말자꾸나
친구들이여
가슴깊이 연대한 동지의식으로
모든 이의 귀감이 되자

우리를 주시하는 사람들이 많다
그만큼 우리는 행동의 표상이다

어언 이십년
우리도 우뚝 설 때가 왔다
그것이 바로 지금이다

하나. 작은 추억

'그 언젠가 나를 위해 꽃다발을 전해 주던 그 소녀' 언제던가 선풍적으로 인기를 끌던 조용필의 노래가 있었다. 왕산이 올려다 보이는 도서관 앞에서 대창이와 나는 그 노래를 흥얼거리곤 했다. 지금 생각하면 그 노랜 조금 촌스럽다. 촌스럽지만 그 노래 속에는 나의 학창시절의 필름들이 담겨있다. 색바랜 흑백사진의 필름들

노래하나 속에 담긴 수만 컷의 추억들,

그 작은 추억들이 이어져 오늘 내가 여기에 있다

둘. 왕산에서 I

꿈을 빚었지요.
소담스런 꿈을

포부를 키웠지요
가슴 가득 넘치던 포부를

자연을 배웠지요
물처럼 흐르는 자연을

대화를 나누었지요
너와 나, 우리의 대화를

왕산은 배경이었죠
우리들의 꿈과 포부, 자연과 대화를
품어 안은 배경이었죠

셋. 왕산에서 Ⅱ

왕산은 나의 꿈
너를 보면 기분이 좋았다

봄 꽃, 여름 비
가을 나무, 겨울 눈

나의 꿈은
왕산의 계절과 함께
흘렀다

왕산은 나의 희망
아침에 눈을 뜨면
왕산은
희망처럼
거기에 있었다

왕산은 나의 추억
눈을 감으면
나의 추억은
왕산에서 분주하다

넷. 도서관에서

입학하던 81학년도 첫 여름방학은 유난히도 더웠다. 그 당시 포루투 갈어 회화클럽이 조직되어 있었다. 포루투갈어에 대한 언어습득과, 문학 작품에 대한 공부를 하는 소집단이었다. 하루는 무더위를 잊기 위해 강원 도 소금강과 연천 해수욕장으로 M. T를 떠났다. 솔직히 대창이와 나는 그 곳을 갈만한 금전적인 여유가 없었다. 우리들은 빠지기로 결정했다. 4박 5 일의 훈련에 대한 금전적 부담감과 시간의 낭비를 우려할 수밖에 없었다. '그들이 올 때까지 우리는 뭔가 해야 해.' 대창과 나는 과제를 골똘히 생각 했다. 작은 소설책 한 권을 완전 마스터하는 것이었다. 그 내용은 마침 개 미와 베짱이 같은 내용이었다. 우리는 서로를 격려해 가며 아침 8시부터 밤 10시까지 책과 사전과 씨름하면서 노트에 기록해 나갔다. 다행스럽게 도 M. T가 끝나갈 무렵 우리의 과제도 끝을 향하고 있었다. 점점 뿌듯했 다. 작은 성취일망정, 무엇인가를 이루었다는 기쁨은 만만치 않았다. 더욱 이 그해 여름은 무척 무더웠고 도서관에는 선풍기조차 없던 시절이었기에 나의 등에는 땀띠가 날 정도였다. 물론 실력도 많이 향상되었다. 그때부터 나는 대창이와 하나가 되었다. 거의 한 몸이 되어 다녔기에 다른 학과 친 구들은 강대진, 김 대창이라고 부르곤 했다. 대창이가 보이지 않으면 '강 대진씨는 어디 갔어요?' 하고 묻곤 했다. 그 반대의 경우도 숱했다. 도서관 이 맺어준 우정, 우리는 평생을 같이 했다. 그 뒤로 우리는 눈빛만 봐도 서 로를 너무나 잘 알게 되었다. 그와 나는 과에서나 학교에서나 중추적 역할 을 하게 되었다. 대창이는 학도호국단에서 나는 어문대 학생장으로 각각 최선의 본분을 다했다. 동기나 후배들에게 우리는 중심 역할을 충분히 해주었다. 우리는 서로를 격려하며 지탱했다. 때론, 서로 의견이 다를 때도 있었다. 나는 친구들과 어울려 디스코장에 가는 것을 무척 즐겨하곤 했다. 무교동에 있는 코파카바나 나이트 클럽이나 낙원회관, 국일관 등에 가는 것을 은근히 좋아했다. 그러나 대창이는 매번 꺼려했다. 가끔은 내가 설득하여 데려가곤 했는데 횟수가 지나치자 그는 반감을 느끼곤 했었다. 나는 강요하지 않았다. 그러나 우리 둘 사이는 서로에 대한 믿음이 있었기에 큰 문제는 되지 않았다. 우리에게는 정말 잊지 못할 점심시간의 추억이 있다. 그것은 정문앞 2층 할머니네 가게, 조개를 넣은 칼국수를 한 여름에도 땀을 비오듯 쏟으면서도 먹는 것이었다. 그 칼국수 한 그릇이면 우리의 무더위와 근심 걱정은 사라지고 그 포만감에 세상은 모두 우리 것만 같았다. 할머니, 지금은 어디에 계신가요?

그 맛이 그립습니다. 제 아무리 특미의 청와대 칼국수라도 그 맛을 따라올라구요.

선선한 가을과 겨울이 되면 우리는 그 근처 대구분식을 찾곤 했다. 서글거리는 아주머니의 환대에 빠져 다른 집으로 가는 용기를 감히 내지 못했다. 그 아주머니는 음식 솜씨도 최고급이었다. 그 집이 점차로 우리의 아지트가 되었고 후배들과 친구들도 자연스럽게 이곳을 찾게 되었다. 대창이는 졸업후 첫 발령지가 대구였는데 후배들이 대창이형이 대구분식을 다녔기 때문에 대구에 내려갔다는 통설도 그럴싸하게 현실화되어 들렸다.

다섯. 독특한 개성

나는 튀기를 좋아한다
평범함이 싫다
남을 의식하지 않는다
비난도 불사한다
놀림도 상관없다
독특한 개성의 소유자임을
자부로 여긴다
그런 나를 한심스럽게 생각하는 많은
사람이 있다
그것은 개성이다
나의 선택 기준은 나이와는 무관하게
선택된 것이었다
남방의 화려함, 톡톡 튀는 넥타이, 목걸이, 팔지 패션,
기상천외한 구두, 생각지도 못한 가방, 브랜드 선호주의자,
내 나이에서는 감히 생각지도 못하는 랩의 구사,
힙합의 이해, 전 장르에 걸친 음악 섭렵
오히려 어린아이들에게 알려주는 나의 음악관
신세대들은 그런 나를
자기들이 나이가 들어서도
나처럼 그렇게 되길 바란다고 했다

그래서 신세대와 나는 쉽게 절친해 질 수 있었다
젊음에 대한 참 이해, 그것은 나의 젊음의 비결이다

나의 친구들은 그런 나를 때론 이해를 하면서도 한심하게만 생각했다
나의 아내는 그러한 나를 무척이나 걱정했다
지금은 조금 누그러진 것 같다
가끔 사오는 선물이 나를 쇼킹하게 만들때도 있기 때문이다
그런 이해심을 가질 때까지 얼마나 많이 인내를 했을까
아내가 고맙다

여섯. 당신의 하늘

유감스럽게도 나의 아들은 나의 것이 아니다
할아버지의 아들이다
아들은 할아버지의 하늘이다
딸은 이미 뒷전이다
딸은 그 사실을 순순히 받아들인다
딸은 삼겹살을 좋아한다
삼겹살이 먹고 싶을 땐 은근히 동생 핑계를 댄다
그러면 딸은 그 좋아하는 삼겹살을 쉽게 먹을 수 있다
딸은 그 단순한 이치를 이제는 잘도 이용한다
그것은 딸의 현명한 선택이다
하늘을 움직일 수 있는 법을 알고 있기 때문이다
아빠도 그것을 잘 이용한다
그러면서 삼겹살의 맛있음을 아들에게 강조한다

일곱. 미카엘과 나눔

　9114호에는 '미카엘과 나눔'이라는 사랑의 게시판이 있습니다. 오시는 모든 이들마다 나의 소생을 염원하는 글을 남겨 둡니다. 구구절절이 나를 향한, 간절한 소망과 염원이 담겨 있음을 느낍니다. 좀 더 의미 있는 말을 남기기 위해 책도 보고 연구들도 많이 하십니다. 소담스런 글귀들이 나를 잠 못 들게 합니다.

　그분들은 나를 사랑으로 정성껏 아껴주고 무한한 힘을 전해 주시는데 혼신을 다 하십니다. 하나, 둘씩 채워져 가는 나눔의 장을 보며 스스로를 가슴 뿌듯해 하십니다. 깊은 영생의 부르심 앞에 서서도 웃음을 잃지 않고 오히려 그 분들을 즐겁게 하려고 노력하는 저를 통하여 삶의 보람과 맑은 영혼을 느끼시는 것 같습니다. 천사 같은 간호사 선생님들도 사명감과 책임감에 대한 보람을 저를 통하여 느끼시는 것 같습니다.

　의사 선생님들 또한 저의 의지에 가끔 놀라십니다. 신부님을 비롯한 수녀님들께서도 맑디맑은 저의 영혼에 탄복을 금치 못하십니다. 송요한 형님을 비롯한 호스피스 봉사자 분들도 저를 통해서 많은 삶의 의미를 느끼시고 계시는 것 같습니다. 저는 이제 혼자의 몸이 아닙니다. 앞으로 어디에서나 참 봉사의 길을 주님과 함께 걸어가겠습니다.

　이토록 예쁜 방을 꾸미게 도와주신 박 데레사 수녀님 이하 봉사자 여러분께 진심으로 감사드립니다.

나눔은
즐거운 것입니다
나눔은
나를 잊는 것이지요
나눔은
자기 것을 고집하지 않습니다
나눔은
이 세상에서 가장 아름다운 것입니다
나를 버리고 참으로 남과 나눌 때
우리들 모든 존재의 의미가 새로워지는 것이겠죠
우리 모두 함께 나누어요
세상이 열립니다

여덟. 아낌없이 버린다는 것

하늘을 버려보자
버릴 것이 없구나
산을 구겨보자
접힐 곳이 없구나
하늘도, 산도 온갖 오욕도
이제 나는 벌거숭이가 되어 온 대지를 떠 노네

말할 것 없구나
준다는 것은 행복한 것
더 이상 바랄 것이 없네
치유는
마음속 소유를 깨끗이 낮게 하는 진리
우리 모두 더러운 마음의 장벽을 무너뜨리자

바다가 부른다
갯바위에 걸터앉아
인생관조의
참 의미를 깨달아보자

아홉. 우리 아들

그 자식은 참 웃기는 놈입니다
잔머리의 왕입니다
그러나 속이 깊은 아량도 베풀 줄 압니다
양보의 미덕도 압니다
은혜를 압니다
할아버지의 하늘로서
아빠의 몫을 훌륭히 잘 합니다

울기도 잘 웁니다
그 놈은 누나를 무척이나 좋아하고 잘 따릅니다
누나는 자기의 하늘입니다
하늘과 하늘은 서로 통하지요
하늘이 어우러지는 모습을 볼 때마다
저는 흐뭇합니다

겨울이 옵니다
누나는 끔찍이도 사랑하는 동생을 위해
옷깃도 여며주고 손바닥 난로도 챙겨주고
여우목도리가 되어
민우의 어깨를 감싸줍니다

정말로 다정한 오누이입니다

난 믿습니다
그들의 정감 어린 사랑이 냉랭한 북풍한선을 녹이기에
충분하리란 것을

열. 야구와 사업

야구에는 두 가지 방법론이 있다
감독이 전 선수를 통제하에 묶어두어서
자기 스타일의 야구방법론을 펼치려는 방법이 있으며
모든 선수들에게 자율의 권한을 주는 위임법이 있다
그것은 통제론과 자율론인데
자율론의 경우
독창적인 야구를 잘 할 수 있는 반면에
자기 매너리즘에 빠져 갈팡질팡하는 경우가 있다
이때 감독은 난처함을 느낀다
사공이 많으면 배는 산으로 가는 법
그래서 감독의 통제가 따른다
축구나 농구처럼
팀웍을 강조하는 종목에서 자율론은 있을 수 없다
야구도
스타의식을 버리고
팀 속의 자기 관리를 해야한다
자기가 아무리 잘 쳐도
감독이 번트를 원하면
번트를 대야하고

사업도 마찬가지다

4. 마지막 풍경

가족과 함께

❀ 덕수궁에서

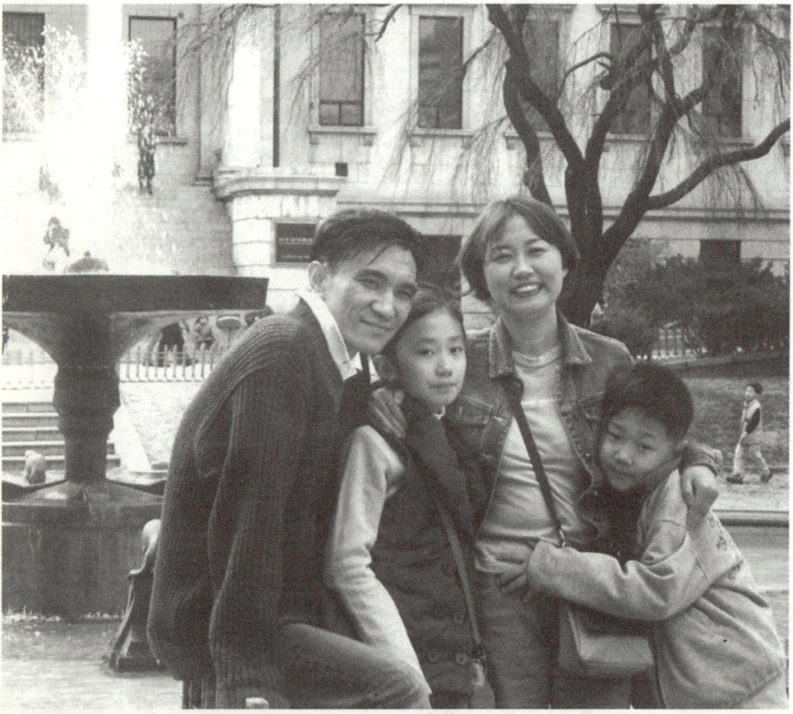

미카엘이 늘 사랑하고 사랑 받았던 가족들과 함께

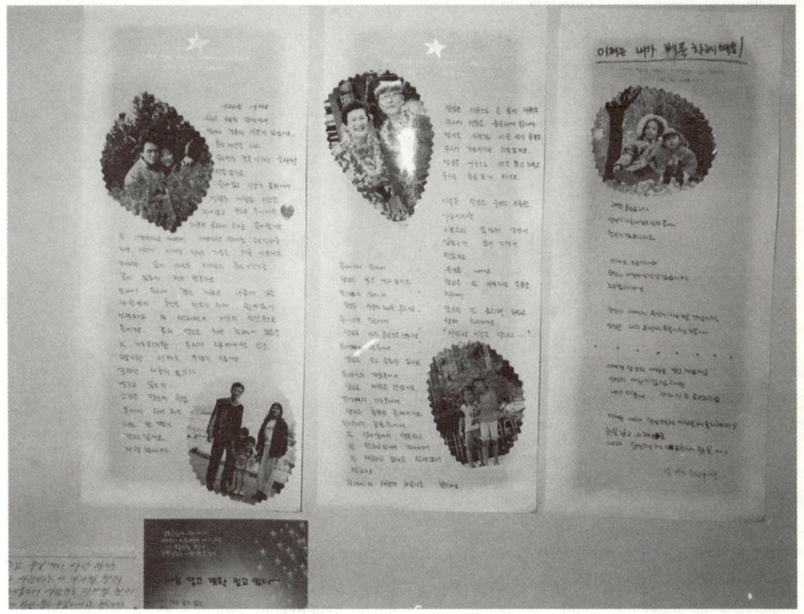

1988년 1월 24일
우리는 3년의 연애에서 벗어나 결혼의 시작이 있었어요.
혼인 서약을 하고, 우리만의 결혼이라는 울타리를 만들었지요.
쉴 새 없는 사랑의 표현에서 이렇듯, 저렇듯 시간은 지나갔고…
우리는 두 아이를 가진 가정의 울타리 속으로 들어왔지요.

늘 사랑한다고 하면서 사랑이란 단어를 망각하듯 지낸 시간이 이제는
가슴을 마구 아프게도 하지만
둘이 아직은 하느님이 주신 시간으로 같이 있음에 저는 행복해요.
요사이 우리가 겪은 시련은 나중에 있을 차 한잔의 추억을 만들기 위해
쉴새없이 노력하고 또 말하면서 서로의 위안 속으로 들어가요.
좀더 당신을 위한 능력이 있음을 기도합니다.
우리가 넘어야할 산은 많지만 이제는 두렵지 않아요.
진정한 사랑의 용기가 생기고 있는지...
그것은 당신의 관심 속에서 다시 피어나는 한 떨기 장미 같아요.
사랑합니다. <아내, 이정림 제노베파>

이제는 내가 베풀 차례예요!

그때는 몰랐습니다.
당신이 나를 사랑하는 것을
철부지였으니까요

이제는 조금이나마
당신이 사랑하는 걸 알겠습니다
조금 컸으니까요

당신이 나에게 희망이라는 것을
난 압니다
당신은 나의 희망의 등불이라는 것을

이제껏 당신의 사랑을 받고 자랐어요
당신의 사랑이 없었다면
내가 이렇게 자라지도 못했어요

이제는 내가 당신에게 사랑을 베풀 차례예요
눈을 감고 느껴봐요
내가 당신에게 베풀 사랑을

김 민지 루피나 드림

부모님께

당신을 이곳까지 오게 한 분의 자취는 우리의 마음을 뭉클하게 합니다
당신을 사랑으로 이끈 분의 숨결은 우리의 보금자리를 만들었지요
당신을 어른으로 만든 분의 노력은 우리를 눈물짓게 하지요
이렇듯 당신은 우리의 소중한 사랑이지만

그분들의 삶 또한 당신이 있었기에 삶의 지탱이 되었지요
용기를 내세요
당신은 늘 사랑하는 두 분을 위해서
당신은 늘 숨쉬며 하늘을 향해 소리치세요
'사랑할 시간을 달라고...'

아이들

두 아이의 눈에서 당신은 빛을 내고 있지요
두 아이의 입에서 당신은 사랑의 노래를 부르지요
두 아이의 얼굴에서 당신은 나의 분신임을 느끼지요
두 아이의 말속에서 당신은 웃고, 울 수 있지요
두 아이의 자람 속에서 당신은 세월을 먹었지요
두 아이의 기도 속에서 당신은 충분한 존재이지요
두 아이의 눈물 속에서 늘 살아있어서 행복하고
늘 말하고 있어서 노래하며
늘 사랑하고 있다고 쉴새없이 말하지요
두 아이의 사랑의 하모니를 받으세요

❋ 사라 수녀님과 함께

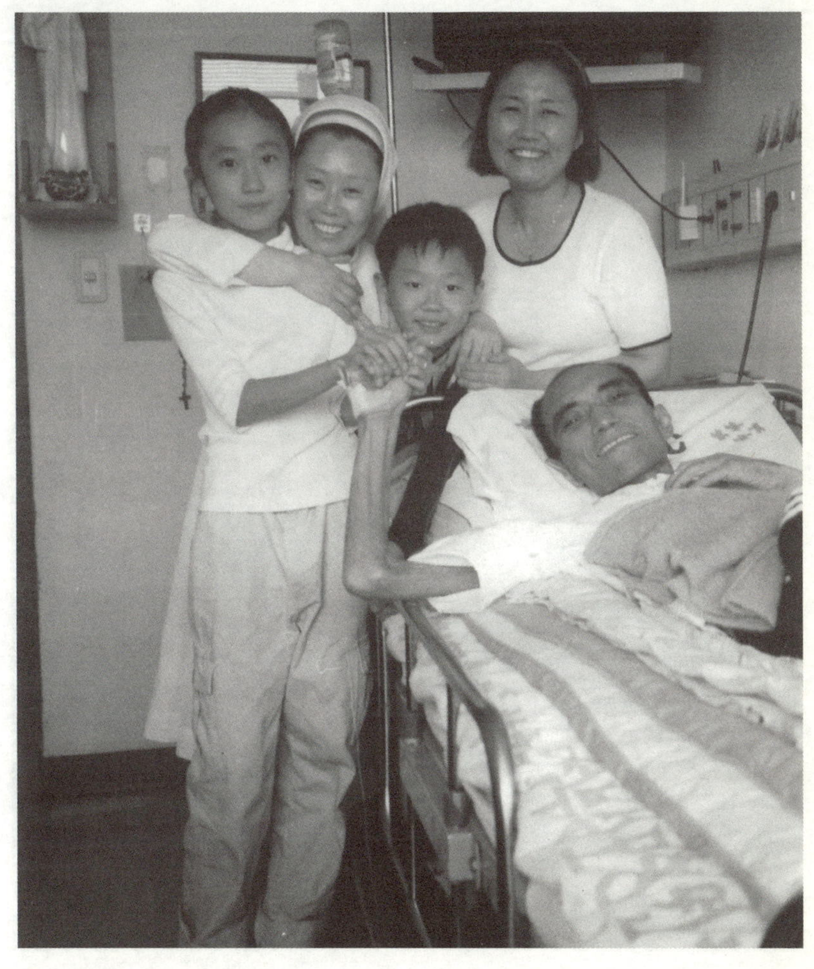

❀ 하늘로 떠나기 전 사랑하는 가족들과 함께 거실에서

❋ 미카엘과 나눔

♡미카엘을 만든 취지

주님의 은총으로 삶의 마지막을 호스피스의 생활로 정리하면서 그를 지켜
봐 주신 많은 분들의 사랑과 미카엘의 투병 생활에 대한 말없는 응원과 기
도…

이렇게 정리할 수 있는 시간을 주신 주님의 은총에 감사하기 위해

'미 카 엘'이 탄생되었습니다.

특히 박 원선 데레사 수녀님과 송 창열 요한 대부님의 성원에 힘입어 용기
를 가지고 만들었고 그곳에 보여주신 많은 분들의 사랑을 미카엘의 마음
속에 영원히 간직한 채 주님의 품에 안겼고 가족들 또한 소중한 장이 된
것을 진심으로 감사드립니다.

♡**미**를 사랑하시는 성원에 힘입어
  카를 제시하였습니다. 많은 성원 주십시오.
  엘을 탄생시켜주십시오.
모든 힘이 이 곳에서 사랑으로 부활되길...

♡이 방은 끊임없는 웃음과 주님의 은총이 넘쳐흐르는 사랑의 방입니다.
우리 모두 활짝 웃어요.

† 찬미 예수님.
아우님! 사랑해요.
그리고 주님 안에서
영원할 거예요. —송요한

♡요한 형님... 당신은 주님께서 주신 사랑의 선물이십니다.
사랑합니다. —아우, 미카엘

♡사랑과 기쁨을 미카엘 형제님께... −신부, 구방지거

♡이제는 일어날 때가 됐습니다.
희망과 기적이 형님께 왔습니다. −둘째 동서

♡나에게 바램이 있었습니다.
세상 떠나는 어느 날 이 세상을 향해 잘 살았노라고, 행복했노라고 미소지
으며,
내가 사랑했던 사람들에게 활짝 웃으며 눈을 감는 것이었습니다.
전 이제 그 바램을 이룰 것 같습니다. 고맙습니다. 아멘 −미카엘

♡사랑하였으므로 행복하였노라. 즐겁게 사세요. −혜옥

♡하루하루가 기쁨으로 가득 차시길... −7층 수간호사 정숙현

♡열린 마음으로 평온하고 알판 시간의 나날이길... −매형

♡너의 평온한 모습을 더 오랫동안 지켜보고 싶다. −현봉

♡평안한 하루가 되시기를... −Int. 지정선

♡하느님의 사랑이 함께 하시길... -forever -Young.a

♡민지, 민우에게
항상 주님의 은총이 그득하기를 빈다. -아빠가

♡범사에 감사드리며, 저에게 베푸시는 주님의 크신 은총.
여러분 모두의 충만된 기도.
미카엘은 덕분에 오늘도 웃습니다. 감사합니다. -미카엘

♡늘 우리에게는 희망이 있다.
당신이 내 곁에 있음에 행복하고
당신이 내 곁에 있음으로 살고 있다. -아내

♡사랑하는 사람들만 무정한 세월을 이긴답니다.
우리들 가슴속에는 따뜻한 물이 흐르고 있고요.
좋으신 분 알게 됨이 참 기뻐요! -마리 베드로 수녀

♡주님의 은총이 미카엘과 함께 하길 기도합니다. -규형

♡모든 일이 잘 될 거예요. -막내처제

♡형님, 힘내세요. −막내동서

♡아빠, 힘내고 싸랑해요. I love you!! −민지

♡아빠, 힘내세요! −민우

♡아들아 힘내라! −부친

♡천주께 영광!
미카엘 형제님 사랑합니다!
아름다우신 가족들의 모습을 형제님께서 빚어내시는 것을 느낍니다.
사랑합니다. −까라 수녀

♡사랑 · 평화
처음 뵈었을 때부터 가슴 깊이 새겨진 미카엘 형제님!
사랑의 마음으로 늘 함께 합니다... −소화 수녀

♡사랑하는 미카엘 형제님,
시간이 지날수록 가족과 하느님 안에서 행복 찾으시는 모습...
저희들 사랑으로 기도하며 "화이팅!!"을 외칩니다. −사라 수녀

♡미카엘 형제님,
평화를 주시는 분이세요. 모든 이를 사랑하시는 마음을 본답니다.
...성경 말씀 중 "널 위로할 자 나 밖에 또 있느냐"
우리 모두 함께 한 마음입니다. -9동 기쁜 마음 한 몸

♡사랑만이 가득하길... -민지

♡모든 것은 마음먹기에 달려있습니다.
해가 졌다고 생각지 마시고 별이 떴다고 생각하세요. -93. 엄기표

♡아프신 가운데서도 많은 것을 나누고 남기시는 미카엘 형제님을 통해
큰 영광 받으실 하느님을 찬양합니다. -사회사업팀 수진

♡미카엘 형제님!!
정말 축하드립니다.
사랑이 가득하시고 저희에게 많은 생각과 느낌 주심에 감사드립니다.
항상 기쁨으로 웃음 가득하시길... -사회사업가 이태은(아가다)

♡마음을 다스리기 힘들 때 기도하십시오.
모든 배려하는 마음과 사랑하는 마음만 남아있습니다.

같이 할 수 있기를 간절히 바랍니다. —진아

♡형님,
아들에게 밝은 희망을 보듯이 항상 형님께도 희망이 있습니다.
사랑합니다!!! —셋째동서

♡형!
한때는 형이 내 곁에 있어서 정말 큰 힘이 되어 주었는데
형이 힘들어할 때 내가 아무런 도움이 되지 못해 정말 죄송합니다.
하루 빨리 자리를 털고 일어서 그 때처럼 가벼운 소주 한 잔 같이
할 수 있기를 간절히 기원합니다. —현철

♡아직은 예비자라서 기도가 많이 서툴지만
미카엘 형제님 위해서 기도 많이 해 드릴게요.
"살아서 믿는 자는 영원히 죽지 않는다." —윤정화

♡큰 어려운 고통 속에서도 참으로 아름다운 모습을 보이시는
그 마음이 존경스럽습니다. 주님께서 사랑하는 아내와 자녀들에게
늘 지켜주시고 함께 하여 주실 것을 믿습니다. 용기 잃지 마시고
끝까지 주님의 손을 꼭 잡고 계십시오. —간호부 장혜옥

♡아픔에 몸이 지치고 마음이 그늘지더라도 인내와 의지로 이겨내시고요.
항상 밝은 모습을 저희에게 보여주셔서 감사드립니다. —이희정

♡고통 속에서 하느님과의 깊은 체험이 큰 힘이 되시리라 믿습니다.
더욱이 가족들과 사랑 더 깊이 나누시고, 언제나 주님 안에서 평온한 날들
되시길 기도로 함께 합니다. —안나 로사 수녀

♡지금과 같은 강인한 모습 변치 마시고요.
첫 눈이 올 때 같이 기뻐했으면 좋겠어요. —전혜영

♡걸음마를 내딛는 제게 당신 미카엘과 당신 아내의 모습을 통하여
많은 것을 생각하고 깨닫게 해 주시는 하느님의 은총을 느낍니다.
사슴 같은 아름다운 눈을 찾으신 두 분의 눈빛, 표정을
정말 좋은 모습으로 제 가슴에 담아 놓을 거예요.
사랑을 드리고 싶습니다. —비비안나

♡Q의 아들이 되심을 축하드립니다.
복된 아내와 복된 자녀들과 행복한 만남인 것이 보여요.
가슴속 깊이 하나님을 사모하는 마음을 담으셔요.
이 세상은 잠깐이고 저 천국은 영원해요.

김대진씨 마음에 천국을 담고 예수님을 담으면
감사와 평강이 김대진씨를 사로잡을 겁니다.
주님의 이름으로 사랑해요. −황제희 전도사

♡열심히 기도하시고 웃음 잃지 않으셔서 보기 좋아요.
항상 저희가 죄송스럽게 생각하고 김대진님을 보면서
많은 것을 배우게 됩니다. 기도하겠어요. −김지은

♡미카엘씨의 환한 미소를 생각하며
항상 당신의 미소를 닮으려 노력하겠습니다. −봉사자 베로니카

♡주님의 사랑은 영원하십니다.
그 사랑 안에서 영원히 함께 하시길 기도합니다. −최 엘리사벳

♡주님께서 형제님을 잠잠히 사랑하다 하십니다. −김수정

♡너무 늦게 쓰게되어 정말 죄송합니다.
김대진님의 밝은 모습 항상 잃지 마시고 힘내세요.
언제나 뒤에서 기도하시는 분이 많으니까요.
저도 김대진님을 위해 항상 기도 많이많이 드릴게요. −9E 윤희

♡언제나 밝은 모습으로 보내시는 것 감사드립니다.
삶은 긍정적으로 생활할 수 있다는 것. 행복이라 생각합니다.
좋은 시간 많이많이 만드세요. -김미아

♡짧은 실습기간 동안이지만 항상 밝은 모습이 정말 좋아 보였습니다.
곁에 항상 하느님이 같이 하시길...
앞으로 용기와 의지 잃지 마시기를...
밝은 모습 계속 보여주세요. 힘내세요. 그리고 행복하세요.
-경복대 실습생 은희

♡당신을 만난 지 십삼 년이 되었습니다.
내 삶에서 항상 당신은 가운데에 있었습니다.
나의 매형이자, 친구, 선생님, 그리고 아버지...
언제나 강하고, 두렵고, 따뜻한 사람이며 날 이해해 주는 사람입니다.
당신을 위해 아무 것도 해줄 수 없는 나는 좌절감에 어찌할 바를 모르겠습니다.
얼마 남지 않은 나의 신분이 야속하기만 합니다.
당신의 격려에 내 삶은 항상 풍성했었고 단호한 채찍에 가슴 아플 때도
있었으며 그 큰 정에 이렇게 바른 사람이 되었습니다.
항상 그러셨던 것처럼 굳은 인내로 몸의 고통을 이겨내셔야 합니다.

이제껏 해오신 것을 열매 맺을 때가 왔답니다.

주님의 손길로 당신의 앙상해진 몸은 부드러운 새살이 붙을 것이고 몸의 피는
맑아지며 고통에 억눌렸던 영혼은 향기로와 질 것입니다.

얼마 후 내가 돌아온 후 당신의 손을 맞잡고
이 병실 문을 활짝 열고 퇴원합시다.
오늘도 주님이 말씀 하시네요 '일어나라' −막내, 희창(베드로)

♡여기 오시는 분들께 주님 은총 가득하시길...
함께 기도해주셔서 감사하고요... 늘 사랑하십시오. −정미

♡기도하시는 모습이 아름답습니다.
말씀은 못 건네고 올려놓고 갈게요.
오늘은 비가 내립니다. 구름이 비가 되었어요. 선물 같은 날!
오늘, 좋은 남은 날 되세요. −마리 베드로 수녀

♡김 대진님!
용기와 웃음으로 하느님이 감동하시길 소망합니다. 언제든지 애기해주세

요. -9층병동 간호사실

♡톨스토이는 말했습니다.
'미래에 사랑이라고 하는 것은. 그런 것은 없다. 사랑은 언제나 지금 일어
나고 있는 활동이다. 사랑을 지금 보여주지 않는 사람은 사랑이 없는 사람
이다.'
우리는 때때로 우리의 도움과 우리의 사랑을 필요로 하는 사람들이 있다
는 사실을 깨닫게 됩니다. 그때마다 우리는 안타까워하며 생각하지요. '이
다음에는...'
하지만, 사랑을 나누기에 지금보다 더 좋은 시간은 없습니다.
「희망의 지혜를 주는 이야기」중에서 -9동 권영희

♡ 찬미예수.

하느님 안에서의 거듭남과 굳셈!

이 좋은 날에 견진 받으심을 진심으로 축하드립니다.

그 분을 향해 사랑의 날개를 힘껏 펼치시기를 기도 드립니다.

저희 모두 미카엘 형제님을 사랑합니다. ─의정부성모병원 가족

사랑하는 가족들이 태워준 9114호

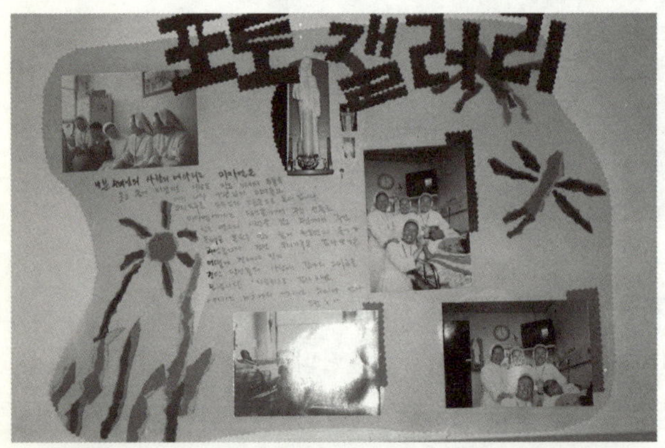

사랑의 메아리

2부

사랑의 노래

깊어 가는 평화와 함께

박원선 데레사 수녀
<전 가톨릭대학교
의정부성모병원
호스피스 과장>

제가 만났던 모든 영혼들에게 평안함을 주소서!

37세의 김대진 미카엘 형제님은 1999년에 만났던 나에게 호스피스에 대한 열의를 불러 일으켜 주었고 호스피스 봉사자들에게도 호스피스의 의미를 터득하게 하는 교육의 기회를 만들어 주었던 고마운 환자였다. 마지막 삶을 우리 호스피스 과에 활기를 넣어 주는 기회로 만들어 주었다면 너무 이기적인 표현이라고 말하기도 하겠지….

첫 대면에서 침대에 누워 담요 속에 몸은 덮여 있고 얼굴만 보게 된 첫 인상은 인도인을 연상하게 하는 까매진 얼굴에 큰 눈이었다. 처음 만나는 자리에서 나에 대한 탐색을 시작하고…. 그것도 잠시였다. 바로 얼굴이 찌그러지기 시작하고 입술을 꼭 깨물더니 그 큰 눈에 눈물이 그렁그렁하게 고인다. 아무소리 못하고 손을 꼭 잡고 있다가 부인에게 눈짓으로 밖으로 불러내어 호스피스 면담실을 알려주고 방문하여 줄 것을 이야기하여 주었더니 바로 그렇게 하겠다며 다시 병실로 들어갔다. 고통 받는 환자 곁으로 돌아간 것이다. 이때부터 고통 중에 있는 미카엘 형제를 위한 호스피스 팀과 가족들의 협조는 잘 이루어져 갔다.

불치의 병, 암을 진단 받은 모든 환자와 가족들이 겪는 고통은 통증으로 인한 고통을 함께 하여야 하고 사랑하는 사람을 떠나보내야 한다는 사실을 받아 들여야 함과 더러는 질병으로 인한 경제적인 문제가 발생할 때 이중 삼중의 크나큰 어려움을 감내하여야 한다는 것이다. 이 가족도 제외되는 것이 없이 삼중의 고통을 겪고 있었다.

우선 그분에게 선행되어야 하는 것은 통증이 시작되면 아프다는 소리를 마음 놓고 지를 수 있는 공간이 마련되는 것이었다. 병실에 함께 있는 다른 환자들이 힘들어 할까봐 통증이 시작되면 이불을 둘러쓰고 입술을 깨물며 신음소리가 터져 나오지 않도록 해야 하는 것이 제일 고통스럽다고 표현을 하였으니 미카엘 형제님은 호스피스 병실로 이전이 되었고 통증이 오게 될 때를 제외하고는 자주 이야기하고 웃고 어쩌다가 병이 나을지도 모르겠다는 희망도 갖으며 평화를 찾아가는 듯하였다. 그러나 그것이 이루어질 수 없는 사실이라는 것을 이야기하기에는 너무 간절한 바람인 것을 우리 모두는 알고 있었다. 민지 민우 두 아이들과 사랑하는 부인, 그리고 노부모님, 그리고 남다른 정으로 모든 것을 나누고 함께 하였던 누이와 남동생, 처가의 형제들 마지막이 될 한 형제를 위하여 모든 것을 내어놓고 함께 하여 주던 모습들이 내 가슴 저리게 하며 너무 고맙기도 하였던 기억들이다. 가족들과 호스피스 팀의 헌신적인 노력도 있었지만 무엇보다도 고마운 것은 죽음이라는 것을 멀리 두고 현재 살아 있는 것이 최선인양 하느님께 의지하며 모든 것을 내어 맡기고 하루하루를 살아가는 미카엘 형제님의 모습이었다.

　하느님께 자신을 내어 맡기는 정도에 따라 그의 평화는 깊어 가는 것을 체험하게 되었고 밤낮을 가리지 않고 죽음을 향하여 나아가는 형제님과 함께 할수록 우리 자신들에게도 하느님의 평화와 우리와 함께 하시는 하느님의 크신 은총을 통하여 주어지는 사랑의 깊이도 깊어 감을 모두가 느끼게 되었다. 모두가 하나이었고 모두가 정성을 다하여 미카엘 형제님의 죽음을 준비하였다고 이야기 할 수 있다. 우리는 신앙인들 이었기에 그것이 가능하게 된 것이고 이것이 아름답다고 생각할 수 있다.

사랑하는 김대진 미카엘 형제님은 어디에….

내가 만일 하늘이라면 그대 얼굴에 물들고 싶어. 붉게 물든 저녁 저 노을처럼 나 그대 뺨에 물들고 싶어….

안 치환의 '내가 만일' 이라는 노래를 들을 때마다 가슴 한 편에 아스라한 그리움과 아픔으로 다가와 하염없이 하늘을 바라보게 하는 한 사람이 있다.

김대진 미카엘 형제님.

함께 한 시간은 그리 길지 않았지만 오랜 만남을 가진 듯 지금도 친근감이 느껴진다.

김인숙 사라
<전 가톨릭대학교
의정부성모병원
원목실 수녀>

힘든 상황에서 힘들게 만났지만 시간이 지날수록 미카엘씨를 알아가면서 안도감과 안타까움을 함께 맛볼 수 있게 해준 사람이기도 했다.

안도감을 가질 수 있었던 것은 인간적으로도 강하고 굳센 사람이어서 자기의 정리를 침착하게 잘 해 나가며 사랑하는 자녀들, 아내, 친지, 봉사자들에게 감사하는 마음을 잃지 않으며 죽음도 용감하게 맞닥뜨릴 준비가 되어 있었기 때문이다. 또 그 동안 잠시 접고 지냈던 하느님을 새롭게 만나면서 인간적인 차원을 넘어 새로운 눈으로 삶을 보게 되면서 이 땅에서 이미 새로운 삶을 맛본 듯 (아니 나는 그가 분명히 맛보았으리라고 믿는다. 왜냐하면 하느님과 만남의 경험이 너무 신비롭고 행복하기 때문에 혹시나 이야기하면 이 충만함에 흠이 생길까봐 두렵다고 몇 번이나 이야기했기 때문이다.) 행복해 하는 모습을 보이기도 했다.

안타까운 것은 너무 젊은 나이에 죽음을 맞이해야 된다는 사실이었다. 하물며 본인은 어떠했을까? 얼마나 많은 방황과 남겨진 가족들에 대한 염려로 밤을 지새웠을까 생각하면 지금도 가슴 한 편이 찡 하게 아려온다.

하지만 김대진 미카엘씨는 시시각각 인간의 초연함과 나약함을 반복하면서도 훌륭하게 임종의 시간을 잘 준비했다. 때가 되자 이 세상을 편안하게 갈 수 있는 준비가 다 된 듯 하느님께 가면 우리들에 대한 사랑을 직접 말하겠다고 웃으며 말하고 가족들의 기도와 부인의 마지막 인사를 들으며 편안하게 하느님의 품으로 갔다.

김대진 미카엘씨를 보면 삶은 시간의 '길이'가 아니라 '질'이라는 생각을 가지게 된다. 김대진씨는 이 땅에서 모든 것을 분명 이룬 사람이다. 그러므로 그 보다 더 행복하게 이 세상을 살다가 간 사람이 얼마나 될까?

그는 언제나 우리 곁에 사랑으로 남아 우리와 함께 숨쉬고 대화 할 것이다. 사랑하는 김대진 형제님. 언제나 사랑하는 가족, 또 당신을 아끼는 모든 사람들 곁에서 든든한 수호천사가 되어 주세요.

송창열 요한
<가톨릭대학교
의정부성모병원
호스피스 자원봉사자>

미카엘과의 첫 만남은 로사리오 성월이 시작되는 날이자 소화 데레사 성녀 대축일이기도 한 99년 10월 1일 가톨릭 의정부 성모병원 일반 병실에서 이루어졌다. 나이 40세에, 무척 야윈 모습의 미카엘은 눈동자에 황달기가 완연했고 피부색도 거무스레했으며, 어느 정도 차 오른 복수로 이미 상당한 고통 속에 무척 지쳐 있음을 느낄 수 있었다. 그러나 움푹 패인 눈에서 나오는 눈빛만큼은 부드러우면서도 힘 있어 보였다.

"만나 뵙게 되어 반갑습니다. 인사드릴게요. 저는 이 병원의 봉사자 송요한 입니다." 솜털을 쥐고 있는 듯 마주 쥔 손의 힘을 전혀 느낄 수 없는 악수였지만 미카엘의 서슴없는 태도와 부인의 환대로 우리는 처음부터 부드러운(?) 만남을 가졌다. 방문한 내내 두 분 모두 편안하고 친절하게 대해주었다. 소아마비로 정상적이지 못한 그의 다리가 약간 부어 있기에, 붓기를 위로 밀어 올려주기 위해 계속 다리를 주물러주면서 부부로부터 무척 많은 애기를 들을 수 있었다. 그날 이후 우리는 자주 그런 모습으로 삶의 의미를 나누게 되었다.

지나온 날들

　98년 초 위암 발병 사실을 알게 된 뒤 수술과 항암치료를 받고 회복되는 듯했으나 재발하여 이제 위암말기에 이른 미카엘 그는 가끔 무서운 통증에 시달리기도 한다며 지금까지 자기 내외가 겪어온 모든 일들을 담담히 들려주었다. 부인을 비롯해 주위에 있는 많은 이가 아직도 미카엘이 완쾌하리라고 믿고 있지만, 정작 그 자신은 그렇게 생각지 않는다고 했다. 어렴풋이나마 자신의 생명이 얼마 남지 않았음을 느끼고 있기 때문이란다. 그러면서도 그는 자신의 현실을 완전히 받아들이지 못한 듯했으며 아직 못 다한 여러 일들에 대해서도 많은 얘기를 들려주었다.

　학교 후배였던 아내의 섬세하면서도 정서적인 면과 차분한 모습에 반했다는 미카엘, 대학시절 동아리를 이끄는 남편의 강인한 리더십에 마음이 끌렸다는 그의 아내, 이 부부의 금실은 여전히 좋아 보였다. 미카엘은 지금 자기를 지극한 정성으로 돌보아주는 부인에 대한 미안함과 고마움을 내비치며, 반대 입장이라면 자신은 그렇게까지 잘 보살펴주지 못할 것 같단다. 이렇게 말하는 남편을 사랑스러운 표정으로 바라보던 부인은 금세 눈물을 흘렸다.

　미카엘의 친가와 처가 모두 화목하게 지내는 편이었고, 미카엘이 벌이는 사업도 잘 되었단다. 그러나 아이엠에프로 회사에 부도가 나면서 그 뒷수습하느라 자신의 몸을 돌보지 못해 병이 생긴 것 같단다. 위암말기라는 병을 얻고 이로 인한 혹독한 고통을 당하고 보니, 85년경 명동성당에서 영

세한 뒤부터 지금껏 다니는 의정부 녹양동성당에 그 동안 착실히 다니지
못한 것이 후회된다고 했다.

선하고 감수성이 풍부한 부인과도 많은 대화를 나누었다. 남편의 생명
이 얼마 남지 않았다는 현실을 이해하기는 하지만 마음으로는 믿어지지
않아 도저히 받아들이기 어렵다며, 그가 아프더라도 언제까지나 살아 있
었으면 좋겠다고 말했다. 또한 전에도 남편을 위해서 가끔 기도를 한 적이
있었지만, 이번에 입원하고부터는 틈만 나면 기도를 한단다.

사랑과 나눔이 있는 병실

미카엘은 입원 후 보름 정도 지났을 무렵 문병온 처남에게 "난 이제
시간이 얼마 남지 않은 것 같다. 이 다음에 누나랑 조카들 잘 돌봐주어야
돼!"라며 처남을 울먹이게 했다. 그는 이따금 인간적인 고뇌를 비치기도
했지만 처음부터 끝까지 현 상황을 잘 받아들이고 있는 듯하였고, 통증으
로 고생하는 시간외에는 거의 긍정적으로 생각하는 것 같았다.

마음을 나누면서 지내는 시간이 많아지자 서로에 대한 신뢰가 깊어지
면서 미카엘은 화장실 출입은 물론 여러 가지 일을 자연스럽게 부탁해왔
으며, 부인도 내가 봉사하러 가는 날은 안심하고 밖에 볼일을 보러가곤 하
였다. 한번은 미카엘 혼자 지키던 병실로 들어서며 인사를 하자, 나를 기다
렸다는 듯 그는 대뜸 "형님, 오셨네요?"하며 환한 얼굴로 나를 반겼다. 호
스피스간호를 받으며 마음을 사랑으로 채워가던 그는 비록 몸은 뜻대로

움직이지 못하지만 마음만큼은 자유롭고 평화롭단다. 무엇을 제일하고 싶은지 물어보니 현재 자신이 생각하고 있는 것들을 책으로 엮어보고 싶다고 했다. 직접 글을 쓸 수는 없는 듯해, 녹음기를 이용하거나 구술을 받아 적는 방법도 있다고 귀띔해주니 벌써 생각해두고 있단다. 얼마 남지 않은 삶을 마치기 전에 그런 꿈을 이루려는 모습이 무척 순수하고 진지해 보였다. 그 어려움 속에서도 일단 가슴속에서 찾아낸 소중한 그 무엇과 하느님으로부터 비롯된 벅차오르는 삶의 기쁨을 주위에 알리고 싶은 열정이 그의 말과 표정에 그대로 아름답게 드러나고 있었다.

우리는 미카엘과 그의 가족이 얼마 남지 않은 동안이나마 서로 마음을 터놓고 지낼 수 있는 방법에 대해서도 애기를 나누었다. 더욱이 아직도 부부사이에 말 못하고 담아둔 애기들이 있다면 언제 한번 깊은 대화를 나눠보라고 권하였다. 그리고 가족과도 고마운 마음을 전할 수 있는 사랑의 편지를 주고받으면 좋겠다는 말도 했다. 또한 본 병원 이들이 그에게 힘이 될만한 글 한 줄이라도 써놓고 갈 수 있는 격려 판을 만들어보면 어떻겠느냐는 말도 했다. 미카엘만 좋다면 이 호스피스 병실을 자기 집, 자기 방처럼 꾸밀 수도 있다고 알려주었다. 한편 통증을 어느 정도 가라앉히기 위해서 사용하는 진통제에 중독이 될까봐 걱정하는 그를 괜찮다고 안심시켰다.

이른 아침이나 저녁시간 등 예고하지 않고 방문하게 되면 미카엘은 더 반갑게 나를 맞아주었다. 격려 판에 그를 위해 메모도 적고 그의 마음에 쉽게 와 닿을 수 있는 기도문을 적어 액자에 담아 선물을 하기도 했다.

한 주일에 두세 차례씩 그를 방문하는 동안 우리는 환자와 호스피스 봉사자 사이에서 동생과 형님으로 부르는 사이가 되었다. 그러는 사이 어느 날 견진 성사를 받으면 어떻겠느냐는 나의 물음에, 그는 생각지도 못한 좋은 보물을 발견한 듯 눈빛이 달라졌다. 견진 성사는 원목실에 계시는 사라 수녀님과 상의하여 며칠 내로 이루어졌으며, 우리는 대부와 대자로서 하느님 앞에 영적으로 다시 맺어졌다.

몇 장의 가족사진으로 꾸며진 병실은 호스피스 봉사자들의 여러 조언과 노력으로 호스피스 병실답게(?) 날마다 새롭게 꾸며졌다. 미카엘은 병실을 들어서는 모든 이와 사랑의 마음을 나누고 싶어 했고, 부인은 그런 남편의 희망이 이루어지도록 정성껏 도왔다. 그를 위해 점점 늘어나는 사진과 화분, 기도문과 가족편지, 노랫말과 수많은 격려의 글 등으로 호스피스 병실은 넘쳐 났고, 그곳을 찾는 모든 이에게 사랑의 울림 터가 되었다. 또한 이 사랑은 진한 사랑의 향기를 품어내며 동심원처럼 세상으로 퍼져 나갔다.

미카엘은 병실 벽에 글로, 사진으로, 꽃으로, 기도문으로 붙어있는 모든 이의 사랑스런 마음을 병원에 전시하고픈 뜻을 밝혔다. 혹 그렇게 안 되면 호스피스과에라도 전시하여 호스피스를 통한 우리 사랑을 다른 이들과도 나누고 싶은 간절한 바람을 가졌다. 그 즈음 병실에서는 젊은 친인척 몇 사람이, 병실일기는 물론 병실을 방문한 이들이 미카엘을 위해서 병실 벽에 붙여 놓은 사진과 글 전체를 파일 한 권에 정리하고 있었다. 그걸 보면서 나는 그 자료들이 호스피스 활동에 중요한 도움이 될 거라며 잘 관리하라고 했다. 그리고 호스피스 가족들이 만든 시집이나 문집도 있다고 알려주었다. 비록 이것들이 여러 사람의 작은 정성이 모여 만들어진 책 한 권에 불과하지만 사랑하는 사람의 마음속에 영원히 남아 있을 것이라는 말도 잊지 않았다. 또한 그것은 영원히 사는 거나 마찬가지라고 말하자 미카엘과 부인은 맞는다는 표정으로 고개를 끄덕였다.

가족들과의 마지막 밤

미카엘이 마지막으로 집에 간 날, 그 저녁에 있었던 일은 내게 평생 잊을 수 없는 아주 각별한 체험이 되었다. 얼마 전 미카엘이 외출하여 요셉 수도원에서 피정하기를 원했던 일은 쇠진해진 그의 체력으로 이루어지지 않았다. 그렇지만 외박은 허가를 받을 수 있었다. 그래서 가족과 함께 산정호수를 다녀온 일과 집에서 마지막 주말을 보낸 일은 그에게나 가족 모두에게 참으로 뜻 깊고 소중한 시간이 되었다.

그날 저녁, 세 시간 남짓 가족과 함께 보내면서 우리는 마음을 모아 손에 손을 잡고 기도하였다. 미카엘은 그 시간을 위해 숨겨(?)뒀던 체력이라도 있었던 양 부축을 받아 자리에서 일어나 앉더니 집을 나설 때까지 한 번도 자리에 눕지 않았다. 그리고 자리를 옮겨 식탁에서 함께 성찬을 나눌 때도 농담까지 곁들였다. 그토록 활기차고 즐거워하는 남편의 모습을 본 적이 없는 부인은 너무 놀라워 기적처럼 여기는 듯했다.

그 자리에서 나는 평소 미카엘로부터 들어왔던 가족들에 대한 그의 따뜻한 생각들을 자연스럽게 가족 한 사람 한 사람에게 전해주었다. 그러고 나니 모든 가족이 그에 대한 자랑스러운 모습을 얘기하면서 서로 마음을 나눌 수 있었다. 그와 가족들은 서로에게 거는 희망의 말과 함께, 그는 가족에게 당부의 말을, 가족은 그에게 격려의 말을 진심으로 나누었다. 빙 둘러앉아 손을 잡은 채 기도할 때 아이들과 미카엘의 누님이 울음을 터트려 결국 모두 눈물을 흘렸지만, 정작 그는 하느님과 모든 사람에 대한 사랑과 감사의 기도를 평화로이 드렸다. 자진해서 두 차례나 기도했던 그의 자유기도는 내가 일찍이 한번도 들어본 적이 없을 만큼 감동적인 것이었다. 벽에 걸린 십자고상에서나 볼 수 있을 정도로 야윌 대로 야윈 그였지만 그 순간만큼은 어느 누구보다도 주님으로부터 가장 충만한 사랑과 은총을 받고 있음을 느끼는 듯했다. 그날 저녁이 그에게는 가족들과 함께 보낸 마지막 밤이었다.

부인의 간절한 기도

남편의 병상을 충실히 지키고 간호하며, 정작 자신의 건강은 돌보지 않는 부인과의 대화 시간도 늘려갔다. 부인은 요사이 남편을 위해 금식기도를 한다고 했다. 남편을 위하여 여전히 매순간 하느님께 숱한 기도를 바치고 있지만 매번 끊임없이 뭔가 달라고 조르기만 하는 것이 죄송스럽기도 하고 그런 자신을 반성하면서 금식기도를 시작했단다. "하느님께 너무

염치없는 것 같아서요…. 또 10월1일부터 호스피스 간호로 알게 된 많은 사람들에게서 사랑을 받았는데 그 은혜에 조금이라도 보답하고 싶었어요." 나는 미카엘과 비슷한 과정을 밟았던 분들의 얘기를 간단히 들려주며, 병을 꿋꿋하게 맞서 이겨나가는 미카엘의 투병 자세와 그에 못지않게 정성어린 간호와 사랑으로 돌보는 부인에 대해 칭찬이 자자하다고 격려하였다. 그녀는 "잘 할 수 있을지는 모르지만 저도 이 다음에 기회가 주어지면 이런 봉사를 해보고 싶어요. 남편을 만난 모든 분이 다 도움을 주고 있지만, 그 동안 남편에게는 이 병원에 와서 처음으로 알게 된 사라 수녀님의 영적 도움이 가장 큰 것 같아요. 뭐랄까, 끊임없이 쏟아져 나오는 남편의 생각과 심경의 변화, 모든 상황에 대해 수녀님은 그 즉시 간결하게 정리를 잘 해주셨는데, 그게 남편의 정서에도 잘 맞는 것 같아요."라고 했다.

한편 미카엘을 위해서 녹양동성당에 불우 이웃돕기 성금지원을 요청하기 위해 본당소속 봉사자 한 분과 준비를 하였으나, 미카엘이 예상보다 빨리 선종 하게 되어 이 계획은 결국 이루어지지 못했다. 11월 9일 아침 병실로 전화를 했다. 변함없이 잘 지낸다며 부인이 바꿔준 전화에서 "아이고, 형님!"하며 반가워하는 그의 목소리가 들려왔다. 인사와 격려를 주고받으며 금주 내로 직장 근무 일정히 바뀌므로 목요일에나 만날 것 같으니 내일이라도 보고 싶다고 말했다. 그랬더니 그도 보고 싶다며 기도 안에서 자주 만나 잔다. 불행하게도 그날 아침의 대화가, 내가 그와 나눈 마지막 대화가 되었다.

영원한 생명

11월 11일은 미카엘이 이승에서 마지막 여행을 마치고 마침내 하느님께 떠나기로 되어 있던 날이었나 보다. 내게 전화라고는 거의 걸려오지 않는 시간인 아침 6시 50분, 전화벨이 두 번 울렸다. 순간적으로 예감이 나빴다. "지금 올 수 있으면 빨리 병실로 오세요."라는, 호스피스과에 계시는 데레사 수녀님의 다급한 목소리가 전화선을 타고 들려왔다. 자세한 상황은 알 수 없었지만, 올 것이 왔구나 하는 생각뿐이었다. 곧 성호경을 긋고 대충 외출 준비를 하여 서둘러 집을 나섰다. 병원을 향해 운전을 하면서 미카엘을 위해 주모경을 계속 바쳤다.

부인의 애통한 울음소리가 새어 나오는 병실 앞에 도착한 시각은 정확히 7시 31분이었다. 7시 30분이 임종 시간이었다니 한발 늦은 셈이다. 데레사 수녀님과 사라 수녀님이 외출복 차림으로 와서 새벽부터 임종을 지켰고 여러 가지를 돕고 있었다. 늘 그랬듯이 병상에 반듯하게 누워 잠자고 있는 듯한 미카엘을 보니 가슴이 철렁 내려앉았다. 나는 아직 뜨거운 온기가 남아 있는 미카엘의 머리를 감싸 안고 기도를 올린 뒤에 두 분 수녀님과 함께 임종 후 기도를 바쳤다. 부인은 애절한 소리를 내며 계속 울었고 우리도 함께 눈물을 흘렸다. 수녀님들이 자리를 떠난 후, 나는 본당 연령회장에게 미카엘의 임종을 알렸다.

미카엘의 장례를 어디서 치를 것인가 하는 문제를 두고 부인과 친척들 사이에 의견이 엇갈리기는 했지만, 본당 영안실에서 그의 장례를 치르기로 했다. 보다 많은 본당신자들이 고인을 위해 기도를 바칠 수 있고, 본당 영안실 시설도 좋은 편이라 더 나올 거라는 말씀을 드렸더니 부인이 그렇게 한 것이다. 영안실 사용 문제로 시간을 끌기는 했지만 본당과 병원 양쪽에 신속히 연락을 함으로써 모든 장례 절차를 녹양동성당에서 치를 수 있도록 했다. 비가 부슬부슬 내리는 길을 지나 녹양동성당 지하 영안실까지 미카엘의 가족들과 동행하여 시신을 닦고 안치하기 전 예절을 도와드린 후 함께 연도를 바쳤다. 이른 시간이라 아직 조문객이 적어 더욱 허전하고 쓸쓸해 할 부인과 가족들을 생각하여 오후까지 머물다 물러 나왔다.

　13일 아침 일찍 다른 봉사자들과 함께 영안실을 찾아가 위령기도를 드린 후 출관 예절과 장례미사에 참례했다. 병실까지 오셔서 병자성사를 주셨던 본당 신부님은 고인이 죽기 이틀 전에 남긴 편지를 그의 장례미사 제2독서로 봉독하게 하셨다. 신부님은 심금을 울리는 강론으로 고인의 영혼과 유족의 슬픔을 위로했다. 장례미사를 마치고 나서 미카엘의 시신은 샘내 천주교 묘원 안에 안치되었다. 고인의 무덤 앞에서 부인은 남편의 임종 직후 부르던 영가(靈歌)를 끊임없이 불렀고, 자녀들은 자녀들대로 이제는 만날 수 없게 된 아빠를 부르며 소리 내어 울었다. 속절없는 세상은 이 모든 것을 아는지 모르는지 변함없이 흐르고 있는데, 한 사람의 귀중한 생명은 이렇게 하느님께 돌아갔다. 타계하기 바로 전까지 자신과 사랑의 정을 나누었던 모든 이들에게 크고 작은 영적·물적 선물을 나누어주며, 하느님 사랑과 이웃 사랑에 흠뻑 젖어있던 미카엘 "왜 내가 이제야 하느님을 만나게 되었을까”하는 아쉬움 속에 얼마 남지 않은 삶을 하느님 사랑으로 곱게 물들여간 미카엘. 그러나 나는 믿는다. 너무나 짧은 생애를 살고 간 그였지만 환한 미소와 사랑, 그리고 그리움으로 미카엘의 모습은 영원히 내 마음속에 남아 있을 거라고….

호스피스 간호를 받으면서 자신의 마음 안에 하느님의 사랑과 평화를 채워간 미카엘은 죽음의 문턱에서 체험한 것을 모든 사람에게 알리고 싶어 했다. 죽음을 앞둔 몸으로 세상에서 어떻게 사는 것이 잘 사는 길인지 기꺼운 마음으로 보여준 미카엘의 마지막 모습은 그야말로 아름다움 그 자체였다. 그 모습을 보면서도 너무나 세속에 찌든 내 삶의 모습을 바꾸기란 왜 이리 힘든지 그러기에 호스피스 봉사로 내 모습을 되돌아보고 반성할 수 있는 기회를 주신 하느님의 은혜에 마음 깊이 감사드린다. 이제 해야 할 일은 미카엘의 영원한 안식을 간구하는 기도와 미카엘이 그토록 사랑했던 가족들이 하루빨리 사회에서 일을 할 수 있도록 돕는 일이다.

주님! 당신 사랑으로 아름답게 물든 미카엘의 영혼을 당신께서 손수 거두시어, 그가 그토록 바라던 대로 하늘나라에서 주님과 함께 영원한 생명을 누리게 하소서. 아멘.

※ 이 글은 「생활성서」 2000년 4월, 5월호에 게재되었던 글입니다. 재수록의 도움을 주신 「생활성서」사에 하느님의 사랑과 은총이 늘 가득하기를 기도합니다.

사랑하는 아빠에게

김민지 루피나

아빠! 안녕하세요. 아빠 딸 민지예요.

아빠! 민지 보고 싶지 않으셨어요?

민지는 아빠 무척 보고 싶었는데.

그러고 보니까 아빠한테 편지 쓰는 거 정말 오랜만이네요.

예전에는 너무 어려서 편지다운 편지를 드린 적이 없는 거 같아요.

막상 편지를 쓰려니까 할 말이 생각 안나요.

쓰기 전에는 아빠한테 할 말이 참 많았던 거 같은데.

아빠, 아빠 딸 민지 이제 중3이 되요.

요즘에 중3때 배울 거 예습하는데 너무 힘들어요.

어느 날 과외에서 예습하다가 문득 아빠생각이 나더라고요.

초등학교 방학 때 아빠가 다음 학기 공부 가르쳐 주셨던 게 생각나요.

그래서 아빠가 너무나 보고 싶었어요.

지금 아빠가 곁에 계셨으면 공부하는 게 더 쉬웠을 수도 있는데….

이런 말씀 드려서 죄송해요.

아빠, 있잖아요. 민지의 단짝인 수현이가 이사 가요.

수현이랑 아빠에 대한 애기하면서 운 적도 있는데.

그때 과외에서 시험공부 하느라고 조그만 방에서 공부했거든요.

어쩌다보니깐 아빠 얘기가 나왔는데.

둘이 얘기 하다가 같이 울었어요.

지금 생각하면 조금 우습기도 해요.

같이 지낸 시간은 그리 길지 않았지만 우리는 항상 같이 있었거든요.

학교 갈 때도, 집에 올 때도, 과외 다닐 때도,

노래방 갈 때도, 심지어 추석 때도 우린 늘 함께였거든요.

그런 수현이가 간다니까 너무 섭섭하더라고요.

비록 우린 떨어져 있겠지만 항상 함께이겠죠?

그러길 바래요.

아빠가 없는 동안 우리가족 모두다 아빠의 빈자리가 너무 쓸쓸하고 컸어요.

가끔 성당에서 미사 드리다가 엄마가 눈물을 흘릴 때면,

너무 일찍 가버린 아빠가 조금은 밉기도 하고, 원망스럽기도 하고,

무엇보다도 아빠가 너무 그립고 보고 싶었어요.

아빠, 민지는 아빠가 너무 보고 싶어요.

꿈에 한번이라도 나타나 주셨으면 좋겠어요.

그럼 민지는 조금이라도 힘 낼 수 있을 텐데….

이제부터는 항상 씩씩하고 착하고 항상 노력하는 민지가 될게요.

항상 민지 지켜 봐주시고 늘 응원해주셔야 되요!

아빠! 그럼 민지는 이만 줄일게요.

아빠 사랑해요♡

2003년 2월 5일 수요일 아빠를 너무 사랑하는 딸 민지 올림.

3부

지상의 하늘 사람들

그가 소리 내어 웃었다

김경희 아녜스
<청주꽃마을
호스피스 자원봉사자>

사랑의 기도

J . 칼로

말없이 사랑하여라.
내가 한 것처럼 아무 말 말고
자주 곁으로 드러나지 않게
조용히 사랑하여라.
사랑이 깊고 참된 것이 되도록
말없이 사랑하여라.

아무도 모르게 숨어서 봉사하고
눈에 드러나지 않게 좋을 일을 하여라.
그리고 침묵하는 법을 배워라
말없이 사랑하여라.
꾸지람을 듣더라도 변명하지 말고
마음 상하는 이야기에도 말대꾸하지 말고
말없이 사랑하는 법을 배워라

네 마음을 사랑이 다스리는
왕국이 되도록 하여라.
그 왕국을 타인을 향한

자상한 마음으로 채우고
말없이 사랑하는 법을 배워라.

성모 꽃마을은 말기 암 환자를 위한 독립형 호스피스 무료시설로서 20병상을 갖추고 있는 시설이다. 성모 꽃마을은 통증조절이 되는 곳이기 때문에 일반 병원보다는 평화롭게 보이기도 하며 환자 분들과도 가족적인 분위기다.

성모 꽃마을에서 봉사를 시작한지 이제 3개월. 봉사자로서 아직은 많이 부족하지만 정성을 다해 그들을 돌보려고 한다.

일주일에 한번 오는 성모 꽃마을의 토요일 아침.

01호실의 72세 여뿐이 할머니는 폐암 말기이다(여뿐이는 나의 애칭임). 고운 모습으로 02년 늦은 여름에 이곳 꽃마을에 오셨다. 사랑 받기를 좋아하시고 언제나 조용조용히 말씀을 하신다. "할머니~~~ 잘 주무셨어요?" 반갑게 인사를 하고 들어갔다. "응. 잘 잤어. 나 좀 일어나켜 줘봐. 어디 불편하세요? 아~니~~ 안아 주려고 그래. 아~~~(그랬었구나. 사랑이 그리웠었구나.) 할머니. 우리 포옹할까요?" 할머니를 안아드리며 등을 토닥여드리며 한참을 그러고 있었다. "할머니 아침은 드셨어요? 응. 오늘은 밥 먹었어. 맛있게 드시고 토는 안 하셨어요? 응." 할머니와 잠시 이야기를 나누다가 할머니. "잠시 계세요~~~ 다른 방도 가서 좀 보고 다시 올게요.”하고 물러났다.

여뿐이 할머니가 오늘 나에게 큰 변화를 안겨 주었다. 다른 환자분들에게 조금 더 가까이 다가갈 수 있는 계기를 만들어 주었다. 사랑이 그리운 환자 분들의 마음을 제대로 읽지 못했던 나. 다음부터는 환자 분들과의 인사는 사랑으로 안아주면서 해야겠다.

06호실의 장○○ 살레시오 형제님.

42세의 장○○씨는 전신이 굳어진 모습으로 8월의 뜨거운 여름날 이곳 꽃마을에 왔다. 목에 튜브를 꼽았던 분이었기 때문에 말도 할 수 없고 오그라져 버린 손과 발에 온몸은 굳어져 있어 의사소통은 눈짓으로만 할 수 있는 상태였다. 장○○씨를 소개를 받고 처음 만나던 날 어떻게 돌봐야 할지 겁이 났었다. “안녕하세요? 저는 토요 봉사자 김○○ ○○○예요. 앞으로 장○○씨와 친해지고 싶어요.” 고개를 끄덕이며 껌벅 껌벅 눈인사를 하는 눈이 정말 예뻤다. 그와는 그렇게 고갯짓과 눈짓으로 대화를 하며 더운 여름을 지냈다. “잘 잤어요?” 목소리를 듣자마자 운다. 울지 말아요. 오늘은 내가 자주 들여다 볼 수 있어요. 목에 튜브 꼽았던 자리 살펴보고 손에서 빠져 나온 공 찾아 손에 쥐어주고 욕창 생기지 않게 자리 살펴주며 오후시간 내내 장○○님 옆에서 시간을 가졌다. 내가 재미있는 이야기 해 줄까요? 끄덕 끄덕. “티코가 왜 빨리 달리는 줄 아세요? 티코 안에 타고 있는 사람들이 풍선껌을 불어서 빨리 달릴 수 있대요. 흐흐흐 크크크…” 그가 소리내어 웃었다.

　다음 계절에 밀려 떠나기가 못내 아쉬운 듯 여름 끝자락의 뜨거운 햇빛이 쏟아지는 오늘 복지관의 직원 분들이 이곳 호스피스시설로 실습을 나왔다. 그분들의 손놀림과 대화는 언제 보아도 너무나 부럽다. 내가 얼마나 부족한지 그들을 통해서 나는 또 깨닫게 되는 바보다. 이런 내가 무슨 봉사를 한단 말인가… 주 하느님 아버지시여. 너무나 부족하지만 주님이 쓰신다면 기꺼이 내어 드리리이다.

　거의 눈을 감고 지내던 06호실의 장ㅇㅇ씨가 오늘은 어쩐 일인지 눈을 뜨고 손을 들어 보여주었다. "장ㅇㅇ씨 안녕하세요? 예쁜 눈을 보여 주셨네요? 반가워요." 조금은 쉰 듯한 목소리로 "방. 가. 워. 요." 힘들게 말을 한다. "잠 잘 잤어요? 아침밥 먹었어요? 안. 먹. 었. 어… 왜요? 먹기 싫었어요? 아침을 안 먹어서 약을 안 먹었네요? 아침 안 먹었는데 두유 먹을까요?" 쉰 듯한 목소리로 "네" 하며 고개를 끄덕끄덕 했다. 목에 튜브를 꼽았던 분이라 목소리가 나오질 안았었는데 요즘은 그곳을 손으로 막아주면 힘은 들지만 그래도 말을 할 수 있어 다행이었다.

　오늘도 무심천변(無心川邊)을 달린다. 상큼한 가을 아침 햇살을 차안에 담기 위해 창문을 열었다. 가을 햇살 향이 폴~~폴~~~ 바람 내음~~~ 음~~ 라디오 볼륨을 크게 높였다. 다들 잘 계실까? 마음은 벌써 꽃마을 그

곳에 가있다. 여뿐이 할머니, 새침이 할머니, 구여운 할머니, 언제나 조용히 봉사자들의 손길만을 기다리시는 분, 봉사자들을 마치 몸종처럼 생각하시는 분, 애기 같은 할아버지, 몸을 전혀 움직일 수 없는 분. 그리고 언제나 화가 나 있는 분, 그분께 오늘은 어떤 말로 다가갈까. 인공항문을 달고 있는 분, 봉사자들에게는 친절하신데 부인에게는 왜 그렇게 화를 내시는지… 그리고 또 여럿이… 꽃마을 가까이에 있는 꽃집 앞을 지나다 언제나 죽음의 냄새뿐인 병실을 생각하며 꽃집 앞에 차를 세웠다.

"여뿐이 할머니, 꽃 선물~~~ 응? 이거 나 주는 거여?" 꽃을 받아 들고 기뻐하시던 할머니의 모습을 생각하며 오늘은 향기 그윽한 보라색 국화를 골랐다. 꽃송이가 크지 않으면 어떠랴. 몇 송이씩 나누어 병실마다 꼽아 줄 수 있는 것 또한 행복인 것을. "할머니, 어디 불편하신 데는 없으세요? 으~~응~~ 없어. 숨쉬는 것이 조금은 불편한데 참을 만 해. 밥 먹을 때 토를 하지 않았음 좋겠구요. 식사하시기 전에 구토제를 드시면 되는데 제가 간호사님에게 이야기 해 놓을게요."

"할머니, 오늘 우리 재미난 이야기할까요. 할머니 살아오시면서 즐거웠던 이야기와 행복했던 이야기도요. 행복했던 이야기?! 네. 글쎄… 첫 아들 낳았을 때… 첫 손자 보았을 때…" 그 때를 회상하시는지 얼굴에 잔잔한 미소가 지어진다. 행복한 얼굴이다. "그때가 제일 행복하셨어요?" 아마도 그 때가 제일 행복하지 않았을까? 할머니는 아들 넷을 낳았는데 아들 셋을 잃고 막내아들 하나만 남았는데 그 아들은 약국을 하고 있고 며느리는 학교 선생님이라고 했다.

"내 사물함 좀 열어서 양말 있나 찾아봐. 네, 할머니. 양말 여기 있네요. 할머니 양말 신겨드릴게요. 아니야. 양말 나 줘봐. 이거 양말 가져. 이것밖에 줄 게 없어." 미안해하며 양말을 건네준다. 아!~~~ 할머니~~~ 고맙습니다.

오늘은 다른 날 보다 조금 일찍 꽃마을에 도착하였다. 01호실 할머니들의 방 모두 주무신다. 주무시는 여뿐이 할머니 볼에 살짝 입 맞추고 잠시 02호실에 들렀다. 지난 주(토요일)에 오신 환자 분은 돌아가셨는지 당신 보다 상태가 안 좋은 분을 위해 당신이 쓰고 계셨던 자리를 그분을 위해 자리를 양보해 주셨던 아가다 할머니가 다시 02호실로 오셨다.

01호실 여뿐이 할머니의 상태가 점점 나빠져 간다. 구토가 심해지시면서 식사를 하지 않으시려고 한다. 달래고 구스르며 할머니를 뒤에서 끌어안고 식사를 조금 드시게 했다. 마침 망년회를 하면서 신부님이 봉사자 모두에게 선물하신 묵주가 있었다. "할머니, 이거 제가 선물할게요." 여뿐이 할머니 팔목에 묵주를 끼워드리며 "할머니 가실 때 이거 가지고 가실래요~? 이거 나 줘도 돼?!. 그럼요~할머니. 제가 선물로 드리는 거예요… 고.마. 워…" 힘들게 말씀하신다.

2003.1.1 새해 첫날 꽃마을에서

"이○○ 할머니, 오늘이 새해 첫날 이예요. 할머니 과세 안녕하셨어요? 응… 복… 많… 이… 받어… 고마워요. 할머니. 할머니도요. 응…" 희미한 미소로 답하신다. "할머니, 저 누군지 아세요? 그--럼. 몰~~라~~~ 그럼, 저 누구 게요?… 꽃-순-이--잖-여… 꽃-사-다-주-는…" 힘들게 말씀을 하신다. "맞아요. 할머니, 저 꽃순이 예요… 많이 힘드시죠? 할머니, 할머니가 힘들지 않고 편안하게 가셨으면 좋겠어요… 불안해하시지 마시고 편안한 맘으로 가시길 기도해 드릴게요…."

"하느님! 혹시라도 오늘 밤 당신께서 제 영혼을 데려 가실지 모릅니다. 그러나 당신의 뜻만이 이루어지소서. 저는 십자가상에서 돌아가신 예수 그리스도와 일치하여 죽음을 받아들이고 싶습니다.

복되신 동정 마리아여! 저의 임종시에 저의 어머니로 나타나 주시고 특별히 주님의 평화 안에서 죽을 수 있는 은총을 내려 주십시오. 아멘."

병실마다 새해 인사를 나누었다. "늘 행복 하셔야 해요. 늘 많은 사람들이 사랑 한다는 거 잊으시면 안되어요. 아셨죠?"

"장○○씨 안녕 하세요? 오늘이 2003년 1월1일 이예요. 힘들지만 새해 맞으신 것 축하해요. 지난 한해도 고생 많이 했어요. 올 한해 우리 열심히 병마와 싸워 굳은 몸 하나씩 펴 보도록 해요." 목에 튜브를 꽂았던 곳에 손을 갔다 대니 "네!" 힘들게 대답을 한다. 우~~~ 고마워요. 제가 힘닿는데 까지 도와드릴게요. 밥도 잘 먹고 떼보는 조금만 하고요. 힘들어도 조금만 참고요. 장○○씨. 화이팅!!!

2003년 1월 18일 토요일 밤에 여쁜이 할머니가 사랑하는 막내아들 품에 안겨 임종 방으로 옮기고 나서 운명을 달리 하셨단다. 아!! 할머니… 마지막 가시는 길에 함께 하지 못하여 죄송합니다. 그 동안 저를 예쁘게 보아주셔서 고마웠습니다. 그 동안 폐암으로 고통을 받으시다가 오늘 늦은 밤에 하느님 나라로 떠나가신 여쁜이 할머니 이○○님… 이○○ 가밀라님의 영혼이 주님 나라에서 영원한 안식을 누리시길 기도드립니다.

"주님. 세상을 떠난 이○○ 가밀라님에게 영원한 안식을 주소서. 영원한 빛을 그에게 비추소서. 이○○ 가밀라님의 영혼이 하느님의 자비로 평화의 안식을 얻게 하소서. 아멘."

2003년 1월 25일 토요일

장○○ 형제님이 아침을 먹지 않았다고 한다. 장○○씨. 자신을 왜 이렇게 만들어요. 몸 상태가 갑자기 나빠졌다. 이러면 안되잖아요. 힘내야 되잖아요. 우리 올해는 힘내기로 했잖아요.

수염이 길어서 일까 얼굴이 많이 까칠하다 조금 있다가 면도 좀 할까요? 정성 드려 면도를 하고 몸 구석구석 살피고 설사가 잦았기 때문에 시간별로 기저귀를 살펴야 했다. 형제님이 꽃마을로 오기 전에 간병을 하셨던 분과 부인이 오후에 같이 왔다. 부인은 시무룩하게 앉아있고 간병인은 눈물을 훔치고 있다.

"늠름한 풍채도 멋진 모습도 그에게는 없었다. 눈길을 끌 만한 볼품도 없었다. 사람들에게 멸시를 당하고 퇴박을 맞았다. 고통을 겪고 병고를 아는 사람… 실상 그는 우리가 앓을 병을 앓아 주었으며 우리가 받을 고통을 겪어 주었구나." (이사 53.2-4)

2003년 1월28 화요일

아침에 꽃마을에서 전화가 왔다. 장ㅇㅇ 살레시오형제가 오늘 아침 8시 40분에 운명을 달리 했단다.

… 그가 죽었단다…

장ㅇㅇ 형제님은 오랜 병고로 양다리와 팔이 오그라졌는데 병고를 이기고자 그렇게 투병하던 생명의 총력적 대결의 과정은 장ㅇㅇ 형제님의 숭고한 인생 최후의 여정이었고 그 고통스런 모습을 대신하지 못하여 가슴 미어지던 가족들은 너무나 안타까워 차마 바라보지 못하였다.

자신의 몸을 놓아버리고… 하느님의 생명을 받아들이고 거기 인간의 본능적 생의 욕구를 놓아버리고 대신 영원한 평화를 향하여 하늘로 날아가는 장ㅇㅇ 형제님의 영혼을 전송하며

"저는 믿습니다. 저의 구세주께서 살아 계심을! 저의 변호인이 곧 제 옆에 다가오시리라!

저의 살갗이 뭉그러져 이 살이 질크러진 후에라도 저는 하느님을 뵙게 될 것입니다." (욥 19, 25 26)

오랜 병고로 쇠잔해 가는 생명을 주님께 바쳐 올리며 결국 그 마지막 숨결을 주님 손에 맡겨드리는 장○○ 형제님의 모습은 '저의 구세주 제 옆에 변호인으로 다가오십니다.' 하는 신앙고백이 아니었을까…

우리가 일생 동안 자기 생의 시각을 한쪽 또 한쪽 떼어내기를 계속하여 그 떼어냄이 충만 되었을 때 완전한 평화가 온다는 그 역설을 신앙으로 고백하듯이…

"자비로우신 하느님 아버지, 오늘 불러 가신 장○○ 살레시오 형제님을 주님의 평화의 품에 받아주소서. 아멘."

그 동안 마음으로 돌보던 여뿐이 이○○ 할머니와 장○○ 형제님을 주님의 품으로 보내드렸다. 두 분을 그렇게 주님께 보내드리며 그 분들의 고통을 통해서 깨달음을 얻을 때가 더 많았다고 생각한다.

내가 그분들께 해드린 것은 별로 없었다. 그 분들은 나의 작은 정성에도 고마워하며 감사하게 생각하셨는데… 자주 바쁘다는 핑계로 제대로 챙겨드리지 못한 부분에 대해서 내가 알지 못하는 사이 그분들 가슴에 어떤 상처를 남기지는 않았을까 하는 생각도 해 보았다.

　"여러분은 같은 생각을 품고 같은 사랑을 나누며 일치된 마음으로 한 가지로 생각하여 내 기쁨이 넘치게 해 주십시오."(필립 2.2)

2000년 8월에 폐암으로 진단 받음. 항암치
료는 2000년 9월부터 2001년 3월까지 받고 퇴
원했다가 2001년 6월 CT검사 결과 여러 곳에
전이되었다고 하여 방사선 치료를 받음. 2001년
12월부터 현재까지 완화적인 치료만 하고 있음.
현재 특별한 치료는 없고 통증과 호흡곤란에 관
한 간호만 받는데 얼마 전부터 오른쪽 목 부위에
암덩어리가 커지고 있어 방사선 치료받다 돌아
가신 47세된 여성환자.

최금자 엘리사벳
<가톨릭대학교
의정부성모병원
호스피스 자원봉사자>

　　총 25회의 만남을 통하여 나누었던 대화 중
에서 다 적을 수는 없지만 봉사자로써 느낀 점과
부족한 점들을 추려 봅니다. 앞으로 얼마간의 기간이 될지는 몰라도 주님
께서 허락하신 그 시간 속에서 예수님 사랑을 꽃 피울 수 있었으면 하는
바램입니다.

　　2000. 8. 17
　　처음 시작하는 봉사자와 함께 병실에 가보니 환자는 이제 막 개신교
에 입교한 풋내기 신자였고 그의 믿음은 그가 갖고 있는 병과도 연관이 있
었다. 누구나 다 그렇듯이 한가닥 희망으로 맞이한 그의 신앙은 갓난아기

와도 같았다. 그의 얼굴은 미인형에다 서글서글한 성품과 곱디고운 그 피부가 참으로 아름다웠다. 신규봉사자와 함께 환자에게 샤워를 시켜 주었더니 그 후에도 가끔 그 애기가 화제에 올랐다. 만남을 통하여 그의 한 서린 말들과 소망을 듣게 되었는데 그는 어린 아들을 데리고 몇 년 전에 재혼한 사연이 많은 그런 사람이었다. 어릴 때 부모님의 별거로 인하여 형제들이 헤어져 성장했고 그 결과 형제애는 그리 두텁지 않다는 느낌을 받았고 본인도 그것을 애기해 주었다. 다만 어린 아들이 걱정된다고 울면서 하소연하였다. 신규봉사자도 함께 그의 애기를 들어주었고 다섯 번의 만남은 항암치료 하러 오는 그를 만나는 것뿐이었다. 시간이 지나 그 이듬해 2001년 9월(환자가 너무 많이 아프다고 전해 들음) 환자가 중환자실에서 정신과로 왔다 갔다 한다는 애기를 듣고 이제 마지막 시간이 온 것 같다는 생각이 들었다. 그저 병실 방문도중에 그의 이름을 보고 똑같은 이름이 있구나 하는 생각이 들면서 혹시나 그 환자가 아닐까 생각하며 병실을 들여다보니 틀림없이 그 환자였다. 반가운 마음에 들어가서 아는 체를 하니 환자가 알아보고 어제 저녁에 내려왔다고 하였다. 그 동안 많이 수척해져 있었고 병은 많이 악화되어 있었다. 정말 이제 얼마 안 남았다는 생각이 들었다. 목이 마르다고 해서 냉수를 대 주었더니 반 컵을 마셨다. 점심 때 죽이 나왔는데 반도 못 먹었다. 물김치을 있는 힘을 다해서 겨우 삼키는 그 모습에서 참으로 힘들겠다는 생각이 들었다. 어쩌면 오늘이 환자와의 마지막 시간이 될지도 모르겠다고 생각하고 있는데 환자도 마지막으로 우리에게 하고픈 얘기를 하는 듯 하였다. 아들이 불쌍하다는 반복되는 얘기와 봉사자들에게 건네는 고맙다는 얘기였다. 그 이야기 속에서 함께 울면서 기도하고, 떨어지지 않는 발걸음을 재촉하였다.

한 주간이 지나 환자가 매우 궁금하여 병실에 갔더니 의외로 환자는 생기가 돌고 다시 정신을 차렸다. 환자는 작년 어느 날 샤워한 것을 그리워하면서 그 목욕 좀 했으면 하였지만 너무 힘들어서 다음에 해주겠다고 달래놓으니 그의 이야기가 시작되었다. 가장 힘들었을 때 꿈을 꾸었던 것을 다 쏟아놓았다. 꿈속에서 신체부위를 다른 새것으로 바꿔놓았고, 그리고 그는 혼수상태에서 다시 깨어났다. 다시 태어난 사람같이 마음을 비우고 신앙인들의 행위에 대해서 감히(?) 앞장서 가는 것이었다. 때로는 앞에 있는 환자와 미사에도 다녀왔다고 얘기했고 천주교와 개신교에 대하여 논평도 하였다. 천주교로 가고 싶지만 지금 어쩔 수 없는 자기 처지를 털어놓기도 하였다. 아들 얘기만 하면 목이 메어오는 환자에게 지금으로서는 그것이 제일 상심되는 것 같았다. 드디어 환자에게 샤워를 시켜 주었다. 오늘 샤워한 것 때문에 오늘밤에 떠나간다면 어쩌나 하는 걱정이 밀려왔지만 한편으로는 떠나려고 그렇게 목욕시켜 달라고 한 것인가 하고 나 스스로 위로하면서 병실에 가보니 의외로 환자는 바깥 공기를 쐬러 나갔다 오는 것이 아닌가. 근심했던 먹구름은 말끔히 걷히고 다시 만남을 이루었다. 오늘은 유달리 환자가 말을 많이 하는 듯 했다. 금요일 행사 때 있었던 애기를 물어와서 재미있었던 시간을 전해 주었더니 즐거워하였다. 환자의 생기 있는 모습을 보느라니 혹시 다시 살려주시려나 하는 생각이 들었는데 나 혼자만의 착각이겠지만 잠시 마음이 즐거웠다. 다시 새 생명을 주셔서 우리와 같이 봉사하고 싶다는 환자는 전보다는 신앙이 더 성장되어 있었다. 신앙인으로서 갖추어야 될 몇 가지 조건들을 들려주는데 20년을 신앙 안에서 살아온 나보다 더 낫다는 생각을 가질 만큼 슬기롭고 지혜롭다는 생각이 들었다. 나 또한 그의 생애가 좀 더 연장되어 이 세상의 행복을 조금 더 누렸으면 하는 바램이었다. 언제나 우리 봉사자들을 반갑게 맞아주는 환자는 우리 한 사람 한 사람에 대해서 너무도 잘 알고 있고 내면 깊은 곳까지 솔직한 답변을 주곤 하였다. 어느 날 방문 후에 '환자에게 해줄 수 있는 것이 무엇일까?' 란 전화통화에서 그가 원하는 것은 아주 작은 것이지만 그것을 내가 해줄 수 있다는 그 자체가 은총이 아닐까 하는 마음이 계속 일렁거렸다. 환자가 먹을 수만 있다면, 먹어도 괜찮을 거라면 해주고 싶은 마음이 가슴속에 가득히 밀려왔다 가곤 하였다. 무엇이 먹고 싶다면 당장 먹어야지 일주일을 어떻게 기다리겠는가. 이틀 후에 다시 찾아가니 환자가 좋아하였다. 실은 나도 감기 몸살로 많이 아팠지만 그 아픈 것은 나중 일이었다. 온 김에 샤워라도 시켜주고 싶은 마음이 내 몸과는 관계없이 내 입에서 나가는 것이었다. 나도 지금 몸살이 나서 죽을 맛인데 왜 이런 말이 나가는 것인지 그 순간 나 자신도 몰랐다. 주님의 뜻이겠지… 환자가 배추 쌈에 무생채를 얹어 맛있게 먹는 모습에서 기쁨이 솟아 나왔다.

그후로는 봉사 전날 통화하는 것이 하나의 일과가 되었고 그의 목소리와 대화를 통하여 병의 진행과 그의 기분을 알고 느끼게 되었다. 어느 날 환자는 천주교에 관심을 갖고 이것저것 물어왔다. 나의 생각은 그가 천주교에 호감을 갖고 있고 이제 결정할 일만 남았겠구나 하는 생각이 들었다. 그래서 하느님에 대해서 확신을 가지라고 나의 신앙체험을 들려주면서 하느님은 정말 살아 계시다고 하였다. 정말 계시다고… 조만간 영세하고 싶다는 뜻을 전해온 그에게 내가 해 줄 수 있는 것은 천주교에 관하여 알려주는 것뿐이었지만 지극히 인간적인 면이 있어 목사님에 대해 미안한 감도 감추질 못했다. 그러면서도 끝내 결정할 수밖에 없는 그의 확실한 성격에서 하느님의 자녀로 안나라는 세례명으로 거듭 태어나게 되었다. 세례식 날 많은 봉사자들의 축하 속에서 새로 태어난 환자는 새로 시작된 대모 대녀라는 관계 안에서 내가 일러주는 말을 귀담아 듣곤 하였다. 전보다도 더 조심스러워졌다. 환자가 너무도 잘 받아 들이기에 더욱더 조심스러워진 것이다. 그리고 해 줄 수 있는 것이 어떤 것들인가 생각하게 한다. 요즈음 목에 생긴 멍울 때문에 병이 더 진행되어 간다고 표현하며 "이제 때가 되었나봐"하고 말했다. 그러면서도 의연하게 병실 안에 환자 한분 한분에게 관심과 모든 표현은 정말 너무도 정확했다. 나도 놀랄 정도였다. 죽음이 문 앞에서 기다리는데 저렇게 온유할 수 있을까? 나도 이 다음에 저렇게 떠나갈 수 있을까? 훗날 나에게도 이런 시간이 닥쳐오면 이 환자와 만났던 날들을 되새기면서 준비할 수 있게 되기를 나 혼자 다짐해 본다. 나는 어떤 모습으로 떠나갈 것인가?

(언제나 겸손하고 온유한 봉사자로서 성장되어 환자들에게 좋은 인상으로 남겨지길 소망하면서…)

〔기도〕 사랑하는 대녀… 안나!

번호:131　　　　글쓴이: 엘리사벳　　　　조회:78　　　　날짜:2002/03/26 00:19

.. 기도 외에는 아무 것도 줄 것이 없는 나의 대녀 안나. 만나는 시간 속에서는 태연한 척하려 애써보았지만 집으로 돌아오는 나의 발걸음은 너무 무겁구나. 이 세상에 주어진 시간 속에서 너와의 만남은 참 잊지 못할 소중한 시간으로 고이 접을게. 오늘 나에게 던져준 그 한마디. "대모님 정말 너무 너무 고맙고 감사해요. 정말 사랑해요. 신세만 지고 갑니다." 오늘따라 너무 힘들어서 누울 수조차 없는 너에게 해 줄 수 있는 건 아무 것도 없는데 너의 힘든 모습에서 예수님을 보는 것 같다. 내가 할 수 있는 것은 기도밖에는 없어 미안해. 주님의 고통이 절정에 달하는 이 시각에 너의 고통도 더욱더 힘들어 감은 나를 기도할 수 있게 하는구나. 우리같이 견디어보자. 고통 없이는 감히 주님의 영광의 나라에 들어갈 수 없음을…

〔나눔글〕 호스피스 활동 사례

번호:1027　　　　글쓴이: 엘리사벳　　　　조회:61　　　　날짜:2002/04/11 22:38

.. 오늘 병원에 도착하니 어느 형제 한 분이 선종 하셔서 병실방문 전에 연도를 바치고 안나 에게 갔더니 안나가 화가 많이 나 있었다. 많이 기다렸다는 듯이 입

을 다물고 쳐다보지도 않았다. 그러다 조금 후에 자기가 너무 욕심이 많은가 보다고 하였다. 남편은 이발 좀 하고 오겠다고 병실을 나가고 원목실 수녀님께서 가져오신 복음성가 몇 곡 인쇄물이 있기에 그것을 불러주었다. 안나는 상태가 더 안 좋아서 눈도 잘 안 보인다고 듣기만 하겠다고 하였다. 복음성가를 너무 좋아해서 자기 떠난 후에 많이 불러달라고 청하기도 하였다. 남편이 자기한테서 냄새가 난다고 하여 닦아주길 원해서 앉은 상태에서 머리에 비누질하고 여러 번 반복하여 수건으로 닦아주었더니 좋아하였다. 그리고 물수건으로 손 등 을 닦는 것 외에 다른 것은 할 수가 없었다. 숨쉬는 것조차 힘든 상태에서 안나가 한말이 귓전을 맴돈다. 대모님 내가 대모님 안 좋은 것 다 가져갈 테니까 잘사세요. 그리고 정말 사랑해요. 안나와 나는 순간적으로 어떤 전율이 흐르는 것을 느꼈다. 혀도 마비가 오는 것인지 전 같지 않았다. 오늘 이것이 또 마지막이 아닐까 눈도 흐려져서 잘 안 보인다고 너무 고통스러워 주님과 성모님을 외쳐 부르는데 차마 눈뜨고 볼 수가 없었다. 주님 지금보고 계십니까? 아직 시간이 다 채워지질 않았습니까? 아무것도 해줄 수 없는 지금 이 상황에서 주님 거두어 가시길 원한다면 저를 질책하시겠지요. 마음이 또 다급해진다. 가기 전에 무엇을 해주어야 하나. 죽이라도 삼킬 수 있을 때 입에 넣어주고 싶다. 안나야, 조금만 참아 또 갈게. 안녕.

사랑을 남기고 떠나가신 김안나 님의 유서

* 다음 글은 엘리사벳 자매님과 여러 봉사자들이 돌보던 김안나 자매님이 지난 4월 19일 부활의 관문으로 나아가시기 얼마 전에 남기신 글입니다.
고인의 체험과 유지를 통하여 전해주고 계시는 하느님의 사랑이 그분과 함께 하는 우리 모

두의 삶에서 늘 드러나기를 간구하며 고인의 영혼의 영원한 안식을 위한 기도에 동참해주
시기를 부탁드립니다. <송요한>

여러분 고맙습니다.

호스피스과 수녀님, 원목실 수녀님, 그리고 저를 많이 사랑해 주셨던 봉사자 언니
들과 저의 대모님, 그 동안 저에게 베풀어주신 우정 잊지 않겠습니다. 그 동안 정
말 외로운 저의 벗으로서 친구가 되어 주시고 때로는 엄마처럼 안아주셨던 모정
결코 잊을 수 없을 겁니다.

수녀님,
저는 많이 배우질 못해 글도 잘 못쓰고 표현력도 부족합니다. 하지만 사랑하는 마
음은 가슴에서 울어나는 진실함 같습니다.

수녀님,
마지막 가는 저의 길을 주님의 사랑으로 일깨워 주신 수녀님. 수녀님이 말씀하신
영원한 나라, 우리 아버지 나라에 즐겁게 가렵니다.

저 울지 않을 겁니다. 아들 ○ ○ 이도, 저의 남편도 수녀님 말씀대로 주님께 다 맡
기렵니다.
여러분 모두의 행복도 주님께 맡기렵니다.

160

몸 건강들 하시고 즐거운 마음으로 더 좋은 일 하시길 바랍니다. 이 안나가 하늘
나라에서 여러분의 건강과 행복을 매일 기도드릴께요.

그리고 수녀님, 부탁이 있습니다. 저 성가 많이많이 불러주세요.

아직은 이승에 있는 안나가 수녀님과 여러분에게. 그럼 이만 펜을 놓으렵니다. 안
녕히 계세요. 수녀님, 대모님, 안녕히 계세요. 엄마 같았어요.

김 안나 올림

〔감사〕 나의 대녀 안나 오늘 주님께로 돌아가다

번호:1047　　　　글쓴이: 엘리사벳　　　　조회:45　　　　날짜:2002/04/19 20:29

영광의 길 너 걷기 전에 골고타 길 너 걸으라
네 모든 것 주께 맡긴 후 하늘 문을 바라보라
천국 가는 다른 길 없네 오직 예수 오직 한길
영광의 너 걷기 전에 골고다 길 너 걸으라

안나가 떠나가기 한 시간 전에 나는 잠들지 못한 채 이 성가를 부르고파 복음성
가 책을 뒤척이고 있었다. 내 머리 속은 온통 그 구절로 가득히 차고 넘쳐서 잘 모
르는 성가인데 계속 흥얼거리다 잠이 들었다. 밤0시40분 안나는 떠났다.
불과 이틀 전이다. 하룻밤을 함께 하는 동안 안나는 하고 싶었던 많은 말들을 쏟

아 놓았다. 그날은 주님께서 마련하신 날 인 것 같았다. 며칠 안 남은 그녀의 생애가 애달파 오후에 병실을 찾았다. 안나가 좋아서 어쩔 줄을 몰라 하였다. 다시 목소리도 돌아오고 정신이 맑아 있었다. 안나는 할 얘기가 많다고 하였다. 평소 만날 때마다 가지 말라는 얘기가 주특기였는데, 그날은 무조건 가지 말라고 손도장까지 찍는 것이었다. 그리고 얘기 하다가 힘들면 잠시 쉬면서 한고비를 넘기는 모습에서 끝까지 잘 버티어준다는 생각이 들었다. 새벽녘에 나에게 추운데 담요를 덮으라고 하였고, 밤을 새워서 피곤해서 어찌 하냐고 걱정을 많이 하였다. 새벽 5시에 간다고 했더니 시계를 쳐다보면서 서운함을 보이기도 했다. 그리고 그 이튿날인 어제 목요 봉사를 가서 보니 전날과는 달리 임종 준비에 들어가고 있었다. 발은 검게 변해가고 어찌나 큰 소리로 나를 부르는지 내 정신도 어떻게 되는듯 하였다. 오늘 이것이 마지막이겠다는 생각 이 뇌리를 스쳤고 저녁 미사 때 안나를 봉헌하였다. 다시는 볼 수 없음을 직감으로 느끼면서…

안나는 그렇게 떠나갔다. 안나와 약속을 지키기 위해 오늘 그에 영정 앞에서 성가를 많이 불러주었다. 성가 가사마다 주님의 자비와 사랑 영원한 나라와 생명 이 있는 그 나라가 우리에게 얼마나 위안이 되는지 성가를 부르면서 계속 솟구치는 눈물을 주체할 수 없었다 다행스럽게도 임종 전 1시간동안 눕지도 못했는데 누워서 편안하게 갔다고 했다.
주님, 잘 못한 것만 남은 것 같아 아쉽습니다. 저를 용서 하여주소서.
안나의 영혼이 평화와 광명의 나라로 인도되기를 비옵니다.
영원한 안식을 주소서. 아멘.

〔감사〕 벽제를 다녀오면서

번호:1058   글쓴이: 엘리사벳   조회:39   날짜:2002/04/22 13:15

.. 날씨는 너무나 화창하여 따스한 봄볕에 온몸을 맡기면서도 한줌의 재로 남겨진 안나의 형체는 인생의 허무함을 생각케 한다. 이 세상 산다는 것 잠시 쉬었다 가는 길목에서 주님께서 나에게 주신 것이 너무 소중한 것이기에 감사가 절로 나온다. 안나와 만나는 가운데 죽음을 생각하게 되고 이 세상 살면서 가장 소중한 것이 무엇인지를 깨우쳐 주시니 이 또한 은총이 아니고 무엇이겠는가? 내 마음 답답할 때에 봉사를 다녀오면 좋은 곳에 가서 피정을 하고 돌아온 느낌이 가슴으로 새록새록 채워진다. 그래서 또 감사를 드리지 않을 수 없다. 많은 분들이 공감하는 마음이지만 또 전하고 싶어진다. 시간은 쉼 없이 흘러가고 어느 날 주님께서 부르실 지 모르는 일. 오늘도 또 다짐해 본다. 주시는 은총에 외면하지 않기를…

안나는 나에게 많은 것을 남기고 갔다. 앞으로 내가 봉사하면서 하나씩 꺼내 활동지침으로 삼을 것이다. 어제부터 지금 이 시간까지 계속 안나가 했던 말이 떠나질 않는다. 그리고 벌써 안나가 그리워진다. 며칠이나 지나야 가라 않을지…
주님 저 좀 위로하여 주셔요.
그 동안 함께 안나를 돌보셨던 모든 봉사자 님들 감사 드립니다.
또 얼굴도 모르면서 기도 해주셨던 많은 분들께 감사 드립니다.
특별히 호스피스과 수녀님과 원목실 수녀님 이뿐이라고 안나가 이름 붙인 간호사님. 그 따스한 사랑이 담긴 손길 정말 감사 드립니다.
그 사랑 영원히 이어지길 주님께 기도 올리겠습니다. 아멘 .

양말을 신겨 주고 싶은 남자 이야기

최경례 율리아나
〈서울보훈병원
호스피스 자원봉사자〉

"발이 차요." 내가 그를 병실에서 처음 만났을 때 그에게 건넨 말이다. 그 남자는 항상 맨발이었는데 그의 맨발을 보고 있노라면 왠지 그 사람의 휑한 가슴을 보는 것 같았다. 그의 발을 만질라치면 불을 지피지 않아 냉골이 된 방바닥을 만지는 느낌이 든다. 늘 발을 벗고 있어서 일까? 순환이 잘 되지 않아서 일까? 아마 둘 다 일 것이다. 거기다 씻지를 않아 고약한 냄새에 마른 잎 부서지듯 버석버석 소리가 난다.

그나마 오늘은 만지는 걸 허락하니 기쁜 마음으로 정성스레 그의 두 발을 주물러 주었다.

인두 암이란 죽음예고에 화가 치밀어 오른 건지 불우할 것 같은(한번도 가족이 곁에 있는 걸 본 적이 없다.) 자신의 환경에 성이 난 건지 오십삼세라는 아직은 젊을 나이에 자신에게 닥쳐온 현실을 받아들이기 두려워서인지 목의 통증이 심해서인지 만사가 귀찮은 듯 언제나 눈을 감은 채 말이 없다. 봉사자의 손길을 마다하고 있다. 말이 없는 것은 목이 퉁퉁 부어

오른 암 덩어리 때문이라지만 눈을 감고 뜨지 않는 것은 세상을 보기 싫어서 일까? 마음을 꽁꽁 닫아 건 것일까?

"눈을 꽉 감는다고 보일 것이 안 보이나요? 언젠간 우리 모두 감을 눈을 뭘 그렇게 감고 있어요, 볼 수 있을 때 창문너머 보이는 가을 하늘 좀 보세요. 얼마나 맑고 높아졌는지" 지난 주 그를 방문했을 때 호스피스 활동 기록지 마다 봉사자의 손길을 거부한다고 적혀있던 그가 길어진 손톱을 깎자는 내 청에 응했고 고맙다는 인사까지 했었다는 기억을 하고 용기를 내어 조금은 힘이 들어간 어조로 그에게 말했던 것이다. 그는 여전히 눈을 감고 있었지만 파르르 떠는 눈꺼풀이 내가 가고 나면 살며시 청명한 가을 하늘을 훔쳐보리라는 것이 예감되었다.

"힘들고 두려울 땐 다른 사람하고 조금 나눠봐요." 역시 그는 아무 말이 없었지만 아주 조금은 웃는 듯도 하다. 너무 가엾다. 곁에 아무도 없다는 것이… 그리고 그가 우리 또래 나이라는 것이… 더 가여운 건 그가 눈을 감고 있다는 것이다. 다음 주 그를 만날 땐 꼭 양말을 한 켤레 사 가지고 가야겠다. 그에게 양말을 신겨주고 싶다.

목요일은 내가 보훈병원에서 호스피스 봉사하는 날이다. 오늘 따라 아침 식탁에서 전날 고향에 갔다 돌아온 남편과 못 나누었던 이야기가 길어

지는 바람에 출발해야 하는 여덟시 반이 이십분이나 지난 시간에 집을 나섰다. 경기도 광주인 집에서 보훈병원이 있는 둔촌동까지는 승용차로 한 삼십분이 걸리지만 길이 막힐 때도 있고 요즘 들어 부쩍 늘어난 내원 차량으로 힘들게 병원 운동장 끝에 주차를 하고 호스피스 사무실에 도착한 것은 아홉 시 반이 넘어서였다. 재빨리 봉사자 가운으로 갈아입은 후 한 주 동안의 활동 기록지를 살펴보았다. 김○○ ─ 자고 있어 그냥 나옴. 이란 기록이 내가 그를 보지 못한 한 주 동안 궁금했던 그에 대한 기록의 전부였다. 오늘 활동 할 병실을 배정 받고 제일 먼저 그의 병실을 찾았다. 요일을 바꾼 엘리사벳과 함께. 여전히 그는 눈을 감고 있었고 우리가 인사를 건네자 눈을 잠깐 떴다가 아무 말없이 다시 감는다. "양말을 신겨 주고 싶어서 사왔는데… 하면서 내가 그의 발을 만지자 눈을 감고 있던 그의 얼굴이 갑자기 야수처럼 변하더니 싫다고 손을 내 젓는다. 아마도 목에 항암 치료 받은 곳이 고름이 터져 나와 너무 아프고 상태가 나빠진 탓에 마음도 나빠졌나 보다. 엘리사벳이 "지난 주 너무 힘드셨나보다" 하면서 그의 손을 얼른 잡아 주었다. "우리가 집에서도 님을 위해서 기도하고 있어요. "병원에 와서 님한테 제일 먼저 온 거 알죠? 엘리사벳과 번갈아 가며 그의 마음을 다독거리자 조금은 순해진 듯 고개를 끄덕인다. "양말은 서랍 속에 넣어둘 테니 신고 싶을 때 꺼내 신으세요" 역시 고개만 끄덕거린다. 오늘은 그가 곁을 주지 않으니 그를 위해 할 수 있는 일이 아무 것도 없는 것 같다. "기도 해 드려도 되겠어요? 엘리사벳이 자기가 말해 놓곤 날더러 기도

하란다. 그가 고개를 끄덕이며 좋다는 표시를 하길래 그나마 반가워서 잘 못하는 기도지만 그의 병든 육신의 고통과 지치고 두려움에 떠는 그의 마음을 주님께 봉헌하며 그를 위해 간절한 기도를 드렸다. 평상시 나는 호스피스활동을 할 때 기도와 성가를 하지 않는다. 환자가 원할 때를 제외하곤. 간혹 같이 일하는 타종교 봉사자들이 종교단체의 자선이나 선교운동차원의 접근으로 호스피스를 이해하는 것 같아 호스피스가 할 수 있는 일이 제한되고 왜곡되는 것 같다는 생각이 들어 많이 안타까울 때가 있다. 고통받는 환자들을 돕겠다는 인류애적인 마음이 우선시되고 보편적 종교정신으로 환자에게 접근할 때 죽음을 앞두고 고통받는 환자의 문제들을 해결하는 도움자로서의 역할을 제대로 할 수는 있는 것일까? 돌보던 환자의 반응이 냉랭해지고 소통이 잘 안될 때 마음이 무척 아프고 어깨가 내려앉는 기분이 든다. "아무 것도 할 수 있는 일이 없다라고 말하지 말라" 메리 트레이시 수녀님의 강연에서 들은 격언을 되새기며 환자를 도와주는 방법에서 보다 창의적인 방법을 찾도록 더 노력해야겠다는 생각이 드는 하루였다.

오늘은 어떤 만남이 될까 다시 기대하면서 7층에 있는 그의 병실을 램프로 천천히 걸어 올라가면서 그를 만나는 시간동안 주님께서 함께 해주실 것을 청하였다. 점심시간이 지난 오후여서 환자들이 많이 산책을 나갔

는지 병실이 한산해 보인다. 뜻밖에 그는 눈을 뜨고 있었으며 나와 눈이
마주치자 처음으로 환하게 웃으며 맞아 주었다. 오늘 오전에는 위암이신
안나 할머니를 성당까지 휠체어로 모시고 갔다 오는 일을 맡았기 때문에
오후에 그를 방문한 것인데 오전 봉사 때 그에게 쏟았을 엘리사벳의 손길
이 아직 식지 않은 채 전해져 오는 것 같다. "며칠동안 열 때문에 고생하셨
다면서요?" 하면서 이마를 만져주니 그가 어린아이처럼 고개를 끄덕인다.
"힘들었겠군요?"하면서 손이며 발을 부드럽게 살살 쓸어 주었다. 소변을
잘 보지 못한 탓인지 발이 부어 있었는데 발이 부었을 때 손바닥으로 부은
부위를 쓸어주면 신기하게도 붓기가 잘 빠진다. 그리고 암 말기 환자들은
온몸이 안 아픈 곳이 없어서 주물러 드리는 것보다 결찰법으로 쓸어 드리
는 것이 훨씬 시원해 하는 것 같다. "손톱 많이 길었는데 깎아 드릴까요?"
그가 말 잘 듣는 아이처럼 역시 고개를 끄덕인다. 집에서 평상시 남편 손
톱을 깎아주던 숙련된 솜씨(?)를 발휘하였다. 환자들의 손톱을 깎아주는
일은 봉사자가 하는 일 중에 아주 좋은 일 같다. 손톱을 깎아주는 동안 환
자와 정담을 나누기엔 아주 좋은 시간이 되는 것 같기 때문이다. 그는 손
톱 깎은 것이 마음에 드는지 이젠 자신의 힘으로 면도까지 깨끗이 하고 가
그린을 묻힌 거즈로 구강세척까지 한다. 기분은 무척 좋아진 것 같은데 통
약을 안 먹어서 걱정이라며 옆에 있던 간병인이 환자가 까다로운 성격이
라 두 번하는 소리를 싫어해서 말도 못한다며 나지막한 소리로 불만을 표
시하였다. 환자가 까다로워서가 아니라 누구든 죽음을 앞둔 말기 환자들

이 겪는 복합적인 심리적 현상일 것이다. "약을 먹어야지요, 저 가고 나면 약 잘 먹는다고 약속해요?" 그러고 보니 늘 보면 약을 잘 먹지 않아서 약봉지가 그대로 있었던 생각이 난다. 그는 아주 오늘은 맘에 들기로 작정한 사람처럼 봉사자가 있을 때 약도 먹겠단다. 열 알쯤이나 되는 약을 먹기 위해 그가 옆으로 몸을 뉘이고 한꺼번에 약을 삼키지 못하고 여러번 나누어서 중간에 석션(가래 뽑는 일)까지 해 가며 빨대로 물을 넘기며 약을 먹는 것을 보니 너무 애처롭고 가슴이 아프다.

"김○○님, 오늘은 백점예요… 오늘 최고로 이쁘구… 감사해요." 마음으로 우러나오는 감사함을 전하며 휠체어를 타게 되면 날이 쌀쌀해졌으니 전에 사다 준 양말을 꼭 신겠다는 약속도 하였다. 아울러 다음 주 목요일엔 사별가족 모임이 대전 현충원에서 있기 때문에 방문 올 수 없다고 말하니 그가 무척 서운해 하는 것 같다. 환자들의 경우, 특히 아무도 찾아오지 않는 호스피스환자의 경우 자기를 찾아주는 봉사자의 방문을 절실하게 기다리게 되는데 처음에 반응이 냉담하던 환자들도 차츰 누가 자기를 찾아왔었는지 어떻게 하고 가는지 안보는 것 같아도 마음속으론 다 알고 있다는 것이다. 아무 것도 할 수 없는 일은 없다. 아무 것도 할 수 없을 땐 그저 조용히 환자 곁에 같이 있어주는 것… 어쩜 그것이 가장 소중한 나눔일 것이라는 생각이 든다.

시월의 끝 날인 수요일 아침 미사를 드리면서 그 동안 돌보아오던 양말을 신겨주고 싶었던 남자' 김ㅇㅇ님을 위해 기도 드렸다. 그는 월요일이 시작되던 새벽 한 시경 말없이 우리 곁을 떠났다. 호스피스의 어느 한 사람도 볼 수 없는 시간에 외로히 갔다. 2주전 그를 방문했을 때 봉사자에게 달리 보인 그 모습이 떠날 채비를 하던 마음이었던 것을… 그래도 그리 빨리 가실 줄이야. 그날, 다음 주엔 사별가족모임 때문에 올 수 없다는 내 말에 서운해 하던 표정이 너무 눈에 걸려 사별가족모임이 있던 목요일 아침 일찍 그의 병실을 찾았었다. 호흡이 거친 듯하여 그의 몸을 흔들며 이름을 부르자 눈을 뜨려고 애쓰다 감는 것 같았다. 혹시 혼수상태는 아닐까? 상태가 나빠지고 있는 것만은 틀림없었다. 간병인은 밤낮이 바뀌어 눈을 못 뜨는 거라고 했지만 예감이 좋지 않았다. 준비해 간 묵주를 그의 팔에 걸어주며 "힘들 때마다 함께 해달라고 청하세요."라고 말하였다. 여행 때 모았던 낙엽이 든 봉투도 그의 옆에 놓아주며 "다음 주 올께요"하며 그의 손을 잡아 주었었다. 다른 때보다 더 힘없어 보이던 그의 따뜻한 손의 촉감이 마지막이었던 셈이다. 그 다음날 걱정이 되어 호스피스 사무실에 알아보니 괜찮다고 해서 다음주 내가 봉사하는 목요일에 다시 만나면 대세에 관한 얘기를 해야겠다고 생각하였는데… 우리들의 생각과 계획을 기다려주지 못하고 시간은 그렇게 지나가고 만다. 그가 임종하자마자 장례를 치루었는지 말았는지 알 수 없이 황망히 병원을 떠나갔다는 소식에 그렇게 외롭게 떠나보낸 것이 못내 마음에 걸려 그 소식을 들은 어제부터 내내 우울했다. 젊은 사람일수록 병의 진행도 빠르고 통증도 더하고 민감한 것 같다. 앞으로 돌보는 환자를 대할 때는 '이 시간이 어쩌면 이 사람과의 마지막이 될지도 모른다.'는 생각을 갖고 최선을 다하는 마음으로 대해야 한다는 교훈을 마음에 새기며 떠날 때 비록 그를 보진 못했지만 그가 우리의 사랑을 안고 양말을 꼭 신고 떠났을 거라고 믿으며 자비하신 우리들의 하느님께 가여운 그의 영혼을 부탁드려본다.

　　망자 김ㅇㅇ님과 죽은 모든 교우들의 영혼이
　　하느님의 자비하심으로 평화의 안식을 얻게 하소서. 아멘

마지막 편지 사랑에 곱게 물든

송창열 사도요한
<가톨릭대학교
의정부성모병원
호스피스 자원봉사자>

첫 만남의 초조함과 설레임.

2월 22일 금요일 맑음
42세 남자 위암환자

오랜 시간 기다려온 병실방문, 그것도 첫 만남을 위한 병실방문을 앞두고 긴장감 속에 맞은 아침이었다.

자원봉사자의 기도로 병실방문 전 모임을 마친 내게 맡겨진 환자는 오늘 아침 의뢰된 환자였기에 차트에는 주치의의 의뢰서 한 장만 달랑 붙여져 있을 뿐 되레 우리의 첫 만남을 기다리고 있었다.

호스피스 환자와의 첫 만남…

첫 만남은 늘 긴장감과 기대감, 초조함과 설레임이 동반되는 만남이었음을 상기했다.

8인 병실 앞에서 성호경을 긋고 따뜻한 만남을 위한 화살기도를 날린 후 병실을 들어서니 환자는 한가운데 병상에서 개인이불을 덮고 수면 중이었다. 어지럽혀진 이불자락을 조심스레 정돈하고 발치께 의자를 놓고 앉아 일어날 때까지 기도하며 기다리기로 했다. 다행히 잠시 뒤 깨어난 환

172

자에게 병원에 소속된 자원봉사자임을 밝히며 정중히 그러나 반갑게 인사를 드렸다. 첫인상, 첫 만남이 향후 친교와 공감대 형성에 큰 영향을 주어 왔기에 각별히 언행에 신경을 썼으나 항암 치료로 인해 머리숱이 이른봄의 새싹처럼 다시 자라나기 시작한 환자의 모습은 다소 수척했지만 과묵한 인상 그대로 나를 일별하고는 이내 눈길을 피해 버렸다. 그러나 변함없이 병상 곁을 지키며 돌보려는 모습이 마음에 들었는지 조금씩 대화가 시작되었고 나는 곧 반영적 경청을 통하여 환자로부터 많은 얘기를 듣게 되었다.

1990년 여름 위암으로 위 절제수술을 받고 매년 정기검진을 해오다 몇 년 전 안심하여 중단했었는데 작년 겨울 소화가 안되어 병원에 들렀다가 재발된 사실을 알게 되었고, 또다시 수술 치료 후 퇴원했다 폐에 물이 차는 등 호흡곤란으로 재 입원하셨다고 했다. 입원 후 폐에 고였던 물은 빼냈으나 이번에는 복수가 차기 시작하여 몹시 불편하며 간헐적인 고통까지 수반하고 있어 투병의 어려움이 크다고 했다. 중단된 항암 치료를 재개하기 위해 몸 상태의 추이를 지켜보고 있는데 일단 항암 치료에 들어가면 병원 밥은 쳐다보기만 해도 속이 뒤집어지는 것 같아 구내식당에서 주문하여 먹고 있다고 했다. 그것도 조금밖에 먹지 못해 이따금 애써 주시는 분들께 미안하지만 본인도 어쩔 수 없다고 했다.

터미널 스테이지에 들어섰다고 진단된 환자였지만 그럼에도 불구하고 의료진의 원숙하고도 따뜻한 돌봄 안에서 특별히 더 어려운 증세는 보이지 않아 큰 다행이라고 느껴졌다.

　가족과 생활환경, 그리고 현재 심경에 대해서도 많은 애기를 들을 수 있었다.

　일찍 결혼하여 슬하에 고1, 중2인 두 딸을 둔 부인은 자녀들을 데리고 친정이 가까운 고향에 내려가 뭔가 단순노동으로 생계를 맡고 있어 자신은 거의 혼자 투병하고 있으며 금오동에 사시는 형님으로부터 입원비 등 여러 가지로 보조받고 있다고 했다. 빨리 나았으면 좋겠다고 말하면서도 가족과 형님에게 지워지고 있는 경제적 부담을 생각해서인지 치유가 불가능하다면 하루빨리 죽고 싶다고도 했다.

　담당의사가 별다른 애기를 해준 적은 없지만 내시경 검사를 맡았던 의사가 취하는 행동과 대화에서 뭔가 심상치 않다고 직감했으며 자기 생각에도 이번엔 마지막이라는 생각이 들어 죽음을 각오하고 있는데 죽음 자체는 별로 두렵지 않지만 가장으로서의 역할을 제대로 하지 못해 부인과 두 딸들에게 미안하다고 말했다. 피하고 싶은 이런 상황을 맞이하게 된 것은 어느 누구 탓이 아니라, 하루 두 갑 이상의 끽연과 격심한 스트레스에 노출된 생활환경을 돌보지 않았던 자기 탓이라며 불성실했던 지난 삶을 깊이 후회했다.

　환자의 그런 영적 환경을 돕고 싶어 생명과 희망에 배경을 둔 대화를 이끌어 갔다.

　미진한 대로 좋은 결과를 얻은 것은 삶과 죽음은 분리될 수도, 분리해

174

서도 안돼는 것이며 생명을 지닌 우리에게 희망은 항상 소중하고 반드시 품어야 할 것이라는 얘기에 공감하게 되었고 무종교라면서도 하느님의 존 재를 수긍하게 된 마음의 변화였다.

환자가 가장으로서 또 동생으로서 겪는 경제적 부담에 대한 심적 고 통도 간과할 수 없어 오후에 열린 호스피스 팀 모임 때 사회사업팀의 면담 을 통한 개입을 건의했다.

비협조적이었던 환자가 점차 대화에 깊이 참여하며 미소와 함께 속마 음을 주고받게 되어 봉사자로서 기뻤으며 우리 병원의 봉사자들뿐만 아니 라 사이버 공간에서도 환자들을 위해 조건 없는 사랑의 마음을 나누며 사 랑의 기도를 바쳐주고 계신 분들이 많다고 전해주었다.

2시간 반 동안 대화를 이어가는 동안 간호사실과의 연락과 병상 주변 을 정돈하는 등 보호자로서의 역할을 하는 내게 친근감을 보여준 환자에 게 다시 만날 약속을 하고 물러났다.

봉사자로서 그분과의 첫 만남을 되돌아보는 내 마음에 그분은 오늘 내게 찾아오신 골고타 언덕의 예수님이었다고 느껴졌다.

나의 주님이 되신 그분을 위해 나는 어떻게 살아야 할지…

두 번째 만남의 사랑과 일치

3월 8일 금요일 (맑음)

42세 남자 위암환자

오전 방문

오전 10시. 3.1절이었던 지난 금요일을 피정 때문에 거르고 2주만에 방문해보니 환자의 좌측 폐에 물이 차서 촬영을 위해 아침 일찍 방사선과로 내려가셨단다. 1층 방사선진단촬영실 앞에서 기다리다 초췌하고 기진맥진한 채 이동침대에 실려 나온 환자를 6층 병실까지 안내한 후 병상에 옮겨드렸다. 그 와중에도 힘없는 미소로 반겨주는 환자의 마음이 고마웠다. 방사선과에서 병실까지 동행한 담당의사와 간호사의 대화 도중 환자에게 당장 필요한 Bile Bag을 보호자가 사와야 한다는 말을 듣고 즉시 구입하여 간호사실에 맡겼다. 폐에 차있는 물을 빼내기 위한 Bag이었다. 한번에 400ml씩 빼낸 벌건 물을 5번이나 갈아드리고 나서야 이제 개운하다고 했다. 한쪽이 개운해지자 이번에는 반대쪽이 비슷한 통증을 느낀다며 마저 손봐달라고 보챘다. 오후에 다시 촬영을 해보고 하나씩 해결해나가자고 환자를 달래는 의사의 침착한 친절이 마음에 들었다. 어느 정도 환자의 욕구가 받아들여지고 나니 환자가 마음의 평정을 찾는 듯 했다. 이리저리 심부름과 돌봄을 해준 데 대해 고맙다는 말을 하며 내 손을 잡았다.

어제 밤에는 폐에 물이 차있어 너무 고통스러웠고 밤새 한숨도 못 잤노라며 우측 폐에서 새로 시작된 통증을 경계했다. 식욕을 달래기 위해 꽂았던 코 줄도 너무 고통스러워 스스로 빼냈는데 한번 음식을 제대로 먹어

보고 죽을 수 있다면 더 이상 소원이 없겠다고 했다. 이번에는 더 가느다란 코 줄을 끼워봐야겠단다. 조금이라도 목으로 음식을 넘기면 토하기에 먹자마자 음식을 코 줄을 통해 도로 빼내지만 아쉬운 대로 식욕을 달랠 수 있기에 크게 미련을 두고 있었다. 오늘은 각진 얼음 몇 개를 깨물어 먹는 것으로 식욕을 달랬다. 대변 본지가 일주일도 넘었다고 해서 간호사실에 관장을 부탁했다.

대화도중 환자에게 거의 유일한 도움을 주고 있는 이복형님이 일건 서류를 들고 왔다. 지난번 사회사업팀에 건의했던 경제적 도움에 대한 계획을 구체화하는 서류들이었다. 오전 중에 있었던 일들을 이복형에게 자세히 전하고 향후의 일들에 대해 의견을 나누었다. 자신도 경제적으로 넉넉지 못한 편이고 동생은 더욱 무력한 형편이라 난감하기 그지없었는데 이런 관심과 배려가 심적으로도 크게 도움이 된다고 사의를 표했다. 환자도 함께 고마워하며 나도 이렇게 더불어 살아왔어야 했는데 헛살았다고 회심을 드러냈다. 방문시 들고 갔던 나음터 1월 호와 평화신문을 드리고 영과 육의 건강에 관해 대화를 나눴다.

세속적인 이해가 개입되지 않은 무조건적인 인간애와 신뢰가 이루어진 바탕 위에서 반영적 경청과 요약된 질문을 통해 그분들의 본래 심성에 투영된 내면의 세계와 교감했다. '몸의 질병과 치료, 혼의 질병과 치료에 대한 대화를 통해 참사랑과 참평화의 근원이 어디에서 비롯되는 것일까', '우리가 우리의 자녀를 사랑하는 것보다 훨씬 더 큰사랑을 하느님으로부

터 받고 있음을 깨달을 때 비로소 우리는 참사랑과 참평화를 누리는 것'
이라고 공감했다.

이때다 싶어 자원 봉사자 실로 내려와 하느님, 하느님의 사랑을 묵상
하며 음미할 수 있는 시 한편을 가져다 드렸다. 칼라로 프린트된 시구를
소중하게 따라가는 환자의 젖은 시선을 통해 환자의 선한 마음에 물든 하
느님의 사랑이 느껴졌다. 이런 때를 위해 종종 시와 그림을 준비하고 코팅
까지 해두곤 했기 때문에 이번에도 도움이 되었다고 믿는다.

12시 30분. 병실 방문을 마치는 인사를 드리니 환자가 두 손을 잡으며
"많이 보고싶어질 거예요.." 라고 받으시기에 "언제든지 전화하세요. 가능
하면 밤중이라도 올께요." 라고 말씀드리며 전화번호를 적어드리고 물러
났다.

오후 방문

환자를 위한 호스피스팀 모임에서 신체적 돌봄과 사회적 돌봄에 관한
여러 가지 측면이 고려되고 계획되었다. 다시 병실에 들려 관장을 도와드
리고 화장실에서 구토까지 겪는 환자를 돌보고 환의도 갈아 입혀드린 후
병실로 돌아왔다. 고맙다는 환자의 말도 그렇지만 마주 바라보는 눈빛만
으로도 어느새 서로의 마음과 마음이 하나되어 있음이 느껴졌다.

하느님, 그분의 사랑 안에서…

세 번째 만남의 회심과 희망

3월 10일 월요일 (맑음)

42세 남자 위암환자

점심시간을 넘긴 시각.

환자는 남쪽 창가로 붙은 병상에서 한낮의 밝고 따듯한 햇빛을 받으며 오수를 즐기며(?) 나를 맞았다.

보고 싶었던 얼굴이었지만 반가움에 앞서 불쌍하다는 생각이 든 것은 까칠하고 수척해진 얼굴 때문이었을까? 다시 삽입한 콧줄 등 여러 개의 생명 줄을 달고 있는 애처로운 모습 때문이었을까?

때문은 담요가 환자의 두 무릎에 떠 들린 채 그의 하복부게부터 병상 끝까지 허물어져 있는 병상과 한 모금 분량의 물이 담긴 종지가 놓여 있는 작은 사물함 사이로 의자로 놓고 앉았다. 수도자의 잠든 눈길처럼 세속을 초월한 듯 고요하고 침착한 얼굴에서 하느님의 평화가 느껴졌다. 허공을 가르는 작은 손짓이 두어 차례 있더니 큰 손짓에 이어 눈을 떴다.

"어! 언제 오셨어요?"

"얼마 안 됐어요. 근데 방금 무슨 꿈을 꿨나봐요?"

"칼국수 시켜놓고 돈 주려고 하다 깼어요."

"음식은 먹었어요?"

"아뇨. 먹기 전에 돈 주려던 참이었어요."

에이. 아무리 꿈이라지만 이왕이면 먹고 나서 깰 일이지... 쯧쯧... 얼마나 먹고 싶었으면 저리 꿈까지 꾸었을까. 가장 근본적인 욕구조차 해결할 수 없는 환자의 안타까운 처지에 마음이 아팠다.

어제는 답답한 마음에 혼자 휠체어를 타고 1층에 내려갔다가 우연히 성모상 앞에 머물게 되었는데 며칠 전에 대화를 나누던 기억이 떠올라 자신도 모르게 낫게 해달라는 기도를 드렸다고 했다. 기도드리는 동안 눈물이 걷잡을 수 없이 흘렸노라고 말하며 다시금 눈시울을 적셨다. 만일 하느님이 계시다면 어제오늘 형제님의 이런 모습을 어떻게 보셨을지 상상해보라고 권했다. 진실한 마음으로 기도하는 자신에게 평화의 선물로 응답하신 하느님의 사랑을 느낀다고 했다. 마침 손에 끼고 있던 1단 묵주를 선물하고 싶다고 했더니 고맙다며 정성스럽게 자기 손가락에 끼웠다. 종교적인 신념에 따라 환자들을 만나러 오지만 절대로 전도를 위한 방문은 아니라고 얘기해 드렸다. 그러나 이미 하느님의 사랑을 인식하고 체험하기 시작한 환자는 카톨릭에 대해 더 많은 애기를 듣고 싶어 했다. 환자로부터 많이 들어야 할 봉사자이지만 이때만큼은 궁금한 것을 들려 줄 차례였다.

나약한 인간의 한계성과 무한하신 하느님의 사랑, 성인들 이야기, 성호경, 세례명, 신친관계 등 궁금해 하는 많은 이야기를 들려주었다. 환자는 그런 이야기를 듣는 동안 한마디도 놓치지 않으려는 듯 두 손을 꼭 잡고 놓지 않았다. 내가 체험했던 성세성사의 기쁨을 들려주며 하느님의 사랑의 초대에 대하여 본인의 자유로운 신앙적 선택의 기회가 빨리 오기 바란다고 말해주었다.

마음과 마음을 잇는 대화가 이루어지는 동안 옆으로 누운 환자의 눈에서 쉴새없이 눈물을 흘러나왔다. 이 순간 우리의 마음을 기도에 담아 하느님께 드리고 싶은데 함께 기도할 수 있겠느냐는 물음에 즉시 나의 손을 잡았다. 한 손을 마주잡고 환자와 가족, 의료진과 수많은 병자들, 그리고 온 세상의 평화를 위해 사랑의 하느님께 한마음이 되어 경건하게 기도 드렸다. 그리곤 환자는 카톨릭 입교를 희망했다. 입교를 도와드리겠다고 약속하고 요셉, 베드로, 바오로 성인에 대해 좀더 자세히 알려드리고 자기 세례명에 관해 생각해 두도록 권했다.

절망의 심연을 회심으로 지나며 환자의 마음 가득 희망의 꽃이 피어나는 듯 했다. 자신의 지난 삶에 대한 뉘우침을 통하여 견디기 어려운 오늘을 겸손히 받아들인 환자의 마음에 주어진 하느님의 은총이 아닐 수 없었다. 언제나 그렇듯 하느님의 사랑에 기초하여 바라본다는 관점의 변화가 모든 것을 가능케 한 것이다.

금요일쯤 다시 방문할 것을 약속하고 물러나 호스피스과 수녀님께 보고를 드리고 하느님께 감사하는 마음으로 귀가 길에 올랐다.

네 번째 만남의 용서와 화해

3월 14일 목요일 (흐림/비)
ICU M/42 남자 위암환자

어제 오전까지 고만고만하던 상태가 오후 들어 갑자기 악화되어 중환자 실로 옮기셨단다. 어제 만났던 봉사자에게 '봉사자님도 절박한 기도를 드린 적이 있는지? 어떤 때 그런 기도를 드렸는지? 그래서 기도가 이루어졌는지?' 에 대해 질문하셨단다. 영적인 안정을 갈구하는 내적 욕구가 느껴지는 질문이라고 생각했다.

호스피스과에서 자료정리를 하며 면회를 기다리던 중환자의 형님으로부터 전화가 걸려왔다. 자신이 ICU로 옮겼다는 것과 혹시 금요일 이전에 일을 당할지도 모르니 봉사자님에게 연락해달라는 동생의 부탁을 들어주는 전화였다. 나에 대한 환자의 사랑과 배려에 금세 가슴이 뜨거워졌다.

면회시간을 기다리며 대기실에서 형님과 대화를 나눴다. 어제 저녁 동생이 '나 금요일에 하느님 만나기로 했어. 그때까지는 살아야 돼' 라고 말했단다. 아마도 금요일 오후로 예정된 세례를 염두에 둔 말이리라.

형님과 함께 중환자 실로 들어섰다. 세속으로부터 의학적으로 격리된 공간에 10개는 족히 될 갖가지 호수들이 환자의 몸을 넝쿨처럼 감고 있었다. 순간 환자의 영혼만은 하느님의 사랑으로부터 격리되어서는 안 된다는 생각이 스쳐지나 갔다. 신체적 생명 줄도 필요하지만 영적인 생명 줄은 더더욱 필요하다고 생각하면서 환자와 눈을 마주쳤다. 1단 묵주를 손가락에 끼고 있는 환자가 상반신을 움직여 손을 내밀었다.

어제부터 갑자기 40도나 오른 열과 오한으로 시달려 너무 힘들었단다. 오전 회진 때 의사들끼리의 대화에서 너무 집착하지 말라는 말을 듣고 너무 서러워 눈물을 많이 흘렸단다. 그 말이 곧 '이제 가망 없으니 신경 쓰지 말아라.' 라는 말이 아니겠느냐며 차라리 듣지 못하는데서 말할 것이지 어떻게 대놓고 그렇게 말할 수 있느냐고 원망하기도 했다.

이제는 정말 죽어도 좋으니 고통이나 줄일 수 있도록 빨리 데려가셨으면 좋겠단다. 그 동안 먹고 싶은 것도 먹지 못하며 견뎠지만 이제는 두려울 게 없다며 눈앞에서 얼음물을 4컵이나 마셨다. 그리고는 그것도 모자라 콜라, 오렌지주스, 포도주스, 스포츠음료 등 마실 것을 사오라고 보챘다. 조금만 마셔도 바로 주사기를 이용하여 마신 것을 콧줄로 빼내야 했었는데 오늘은 아무렇지도 않아 천만다행이었다.

내일 받을 세례에 대해 대화하던 중이었다.

'나 그 동안 살아오면서 잘못한 것이 많은데 어떻게 해야 돼요?'

"어떻게 해야 된다고 생각해요?"

"용서받고 싶어요."

"진심으로 뉘우쳤어요?"

"네, 고해성사 받고 싶어요."

진정한 통회와 화해가 느껴졌다. 하느님을 만나기 위해서 필요한 한 가지는 오로지 회개뿐이라더니… 하느님을 뵙기 위해 정화되고 있는 영혼을 만나고 있다는 생각이 들었다. 흔히들 말하는 명예와 권세와 재물은 없지만 그것이 하느님을 만나는데 아무런 장애가 되지 못했다.

내일 오후 다시 만날 약속을 하고 물러나며 우리 각자에게 맡겨진 하느님의 시간을 그분께 다시 돌려드릴 때 그분께서 기쁘게 받으실 수 있도록 준비하자는 격려로 인사를 나눴다.

대기실로 돌아와 담당의사와의 면담을 앞두고 심폐소생술 문제로 초조해하고 있는 형님을 이해시켜드렸고 환자가 원하면 언제나 이온음료를 마시게 해주겠다는 허락도 받아주었다. 어떤 식으로든 경제적으로 도움을 받을 수 있도록 사회사업팀과의 면담도 다시 한번 일러 드렸다.

나도 언젠가는 한번 반드시 가야할 그 여정.

오늘도 나의 주님이 되신 그분의 부활의 여정을 위해 희망을 담은 두 손을 모아본다.

다섯 번째 만남의 은총과 부활

3월 15일 금요일 (맑음)
ICU M/42 남자 위암환자

아침 일찍 성당에 들려 오늘 영세하시는 환자의 평화와 부활을 위해 깊이깊이 간구했다.

어제 저녁 환자에게 다시 심한 발열과 오한이 엄습하여 다급한 상황이 연출되어 호스피스과 유 수녀님이 저녁 내내 발 맛사지를 해주셨단다. 마사지의 도움을 받은 환자가 어렵사리 잠이 든 것을 확인하고 수녀원으로 돌아가신 수녀님은 밤새 즉시 나와 볼 수 있도록 외출준비를 하고 계셨단다. 이타적으로 정향된 수도자의 고귀한 사랑이 형제님의 영혼을 따듯하게 감싸고 있음이었다.

오늘은 환자가 세례 받는 날이다. 환자는 가장 먹고 싶다던 보신탕은 아니지만 계속해서 얼음물을 마시고 주사기로 빼내는 일을 반복하며 오후를 기다렸다. 지극한 정성으로 동생을 돌보고 있는 형님내외도 이른 아침부터 대기하고 있었다. 그 동안 지나온 일들을 되짚어보는 대화와 향후 있을 수 있는 문제들에 대비하는 대화가 이루어졌다. 요한 형님을 찾았다는 말에 연민과 사랑을 느꼈다. 경제적 부담에 대해 계속해서 불안해하는 형님에게 빈첸시오회의 도움은 어렵겠지만 사회사업팀의 일은 희망적이라고 알려드렸다.

자신을 돌보기 위한 이런저런 일들에 관해 알 길이 없는 환자에게 고온의 발열과 극심한 오한은 이틀간 총 5회나 반복되었는데 엊저녁 이후 잠잠해진 것은 여간 다행스러운 일이 아니었다. 더 고귀하고 더 빛날 영세의 은총을 위해 환자의 영혼을 담금질이라도 하고 계심이었을까…? 13세에 생모와 사별하고 불우한 환경 속에서 허락 받지 않은 남의 빵으로 허기진 배를 채우려다 체험했다는 아픈 기억들처럼 거칠게 굴절되었던 삶의 발자취를 끝없는 통회로 정화시키고 있는 환자의 영적 환경은 사순 시기를 미온적으로 지내고 있는 내 마음을 부끄럽게 했다.

마침내 오후 2시. 마음으로부터 준비를 마친 환자는 사랑하는 가족들,

원목신부님과 수녀님들, 그리고 여러 명의 자원봉사자들에 둘러 싸여 베드로라는 세례명을 받고 하느님의 아들로 새롭게 태어났다. 대리석처럼 핏기를 잃은 베드로의 야윈 손이 기도문을 따라가며 마음을 다 바쳐 성호를 넣었다. 베드로의 육신을 탈취하기 위한 음습한 비겁함이 밝고 활기찬 영혼의 고귀한 희망 앞에 꼬리를 감추고 달아나고 있었다. 환히 불 밝힌 영세초가 참석자들의 마음을 축복의 빛으로 담아냈다. 나는 그 세례식에서 베드로와 신친관계를 맺고 그의 대부가 되었다. 영적으로 대자 대부가 된 우리는 가족들과 함께 영세 초를 잡고 기도했다. 서로가 서로를 위해 기도했다. 나도 대자가 된 이 베드로와 이 베드로가 사랑하는 가족들을 위해 기도했다. 그리고 나서 영세를 축하하는 카드를 건넸다. 참석자들에 둘러싸여 아빠의 머리맡에 서서 하염없이 눈물을 흘리고 있던 맏딸이 그 카드를 울먹이며 소리 내어 읽어드렸다.

하느님께 영광

이 필순 베드로 대자님.

오늘 무한하신 하느님의 사랑 안에서 세례성사의 은총을 받고 새롭게 태어나심을 마음깊이 축하드립니다.

이제 자비롭고 엄위로우신 하느님 앞에서 영적으로 대부, 대자가 된 우리는 하느님의 나라를 향해 함께 하는 여정에 들어섰습니다. 언제나 우리와 함께 해주시고 이끌어주실 그분, 하느님께 늘 감사드리며 영원한 생명을 누릴 수 있도록 정성을 다해 기도하고 싶습니다.

영세를 다시 한번 축하드립니다. 사랑해요.

2002. 3. 15

대부 송요한

"울지 마. 이젠 이렇게 볼 날이 얼마 남지 않은 것 같구나. 훌륭한 사람이 되어야지."

"……"

마치 유언이라도 남긴 듯 맏딸을 바라보는 베드로의 눈가로 거룩한 눈물이 흘러내렸다.

뭔지 모르지만 기쁘다고 했다. 하느님께 감사하다고도 했다. 하느님을 향한 자기 신앙의 문패인양 여전히 겸손히 끼워져 있는 베드로 손가락의 1단 묵주가 예사롭지 않아 보였다.

영세의 감격에 잠겨 가족들과 나누는 사랑의 모습에서 영혼의 아름다움이 느껴졌다.

오후에 희소식 하나가 날아들었다. 사회사업팀장이 봄소식처럼 전해온 바로는 어제부터 생활보호대상자로 선정되었단다. 그렇게 되기를 바라는 마음으로 건의하고 주선해온 나의 마음은 순간 기쁘기도 했지만 착잡하기도 했다. 아무튼 그 소식은 현실적으로 적지 않은 도움이 될 것이 분명한 만큼 즉시 하느님께 감사드렸다. 앞으로는 비급여에 대한 진료비만 부담하게 되며 다인 실에 계시면 입원료도 수혜대상이고 그 밖에도 도움을 받을 수 있게 되었기 때문이다.

저녁 무렵 귀가 전에 몇 번이나 다시 방문하려 했지만 베드로가 계속 잠자고 있어 무산됐다.

늘 저희를 사랑으로 품어 안으시는 하느님!
방황하며 고통 중에 있던 저의 대자를
영세의 은총으로 부활하게 해주시며
하느님을 향한 사랑에 게을렀던 저를
이 베드로와 신친관계로 맺어주셨으니
저희들이 늘 하느님께 기도드리며
몸과 마음으로 사랑의 삶을 살 수 있도록
언제나 어디서나 함께 하여 주소서. 아멘.

여섯 번째 만남의 관망과 기도

3월 18일 월요일 (맑음)
ICU M/42 남자 위암환자

면회시간이 되려면 아직 멀었지만 조심스런 부탁이 허락되어 면회가 이루어졌다.

대자 베드로는 갓 헹구어내 아무렇게나 구겨진 빨래처럼 누운 채 잠자고 있었다. 산소보조기의 도움을 받고 있는 가슴이 보여주는 작은 움직임이 아니면 살아있음을 식별하기 어려울 정도로 애처로운 모습이었다. 몸의 여러 곳에 연결된 호스들도 움직임이 없는 듯 싶었고 팔뚝 여기저기에 함부로 자리잡고 있는 검붉은 피멍자국도 보였다.

잠시 뒤 눈을 뜬 베드로가 "형님" 하며 반색을 했다.

베드로는 영세 후 계속 잠만 자고 있었단다. 발열과 고온에 시달리지도 않았지만 영세 후 마음이 편해져서인가 보다고 했다. 자기도 형님이 보고 싶었다며 베드로의 메마른 두 손이 마른 헝겊처럼 내 손을 감싸 잡았다. 그의 손에 잡힌 내 손, 내 마음이 뭉클 했다. 조용히 그러나 깊이 교감되는 하느님의 사랑을 느꼈다.

영세의 기쁨을 소중하게 반추하고 있는 베드로에게 하느님의 아들이신 예수님의 고통과 수난, 그리고 부활의 깊은 뜻에 대해 간단히 부연설명을 해주었다.

눈 마주치며 귀담아 듣는 베드로의 진지한 태도가 내 마음을 안정시켰다.

신친관계의 의미와 소중함에 대해서도 다시 애기해주며 우리가 대부와 대자라는 영적 관계를 갖게 된데 대해 기쁘게 생각한다고 말해주었다.

잘하지는 못하지만 틈틈이 기도하고 있다고 했고 한번 성당에 가고 싶다고도 했다.

얼음물을 찾는 베드로에게 ICU 전용 냉장고에서 얼음 몇 덩이를 물통에 넣어 건네고 빨대를 입에 물려주었다.

아직 다소 낮은 혈압 등 많이 좋아지지는 않았지만 환자와 가족이 원하면 일반병실로 옮길 수도 있으니 오늘 저녁 면회시간 때까지 결정하여 알려달라는 담당간호사의 말을 베드로에게도 전하고 호스피스과 수녀님께도 보고 드렸다.

이제 금요일께나 다시 만날 수 있겠지만 기도 안에서 늘 함께 하고 있다고 작별인사를 전하는 동안 바뀌는 베드로의 표정에서 그의 진실과 사랑을 느꼈다.

일곱 번째 만남의 상처와 용서

3월 22일 금요일 (황사현상)
ICU M/42 남자 위암환자

한낮 면회시간을 맞추어 베드로를 찾았다. 사색에 잠긴 듯 미동도 없이 깊이 잠들어 있었다. 베드로의 몸으로부터 비롯되는 여러 갈래의 호스 속 내용물의 움직임으로 살아 있음을 보일 뿐 이미 쇠락에 들어선 듯한 외모는 측은하기 그지없었다.

면회시간이 다되어 모두가 물러나도록 깨어나지 않던 베드로가 마침내 눈을 떴다. 총기를 잃은 눈빛과 기력이 떨어진 목소리로 겨우 반가운 인사를 했다.

"대부님." "나 이제 그만 죽었으면 좋겠어요."

"왜?"

"너무 힘들어요."

"정말 많이 힘들었겠네"

"제발 안 아프게만 해주었으면 좋겠어요."

"오. 그래. 제발…"

온기를 잃어 마른나무 가지 같은 손을 내밀며 주르륵 눈물을 흘렸다.

며칠동안 보고 싶었던 내 마음을 전하며 지나온 삶을 돌아볼 때 지금 베드로의 마음은 어떠냐고 물었다. 뜸을 들이던 베드로가 입을 열었다.

"형이 잘 해주고 있다고 하지만…"

".......그래서?"

"13세 이후 참 힘들게 살았어요. 그 동안 난 지금의 형에게 참 잘 해주었어요. 형이 내게 10개 해주었다면 난 100개를 해주었어요. 사업자금으로 3천만 원을 대주고 또 필요하다고 해서 부부싸움까지 해가며 2천만 원을 추가로 대주었는데 얼마뒤 나한테는 상의 한번 없이 해약했다는 말을 남으로부터 들었을 때 배신감을 느꼈어요. 그 서운함은 지금도 다 가시지 않았어요. 그런 일이 없었다면 형이 아마 지금만큼 하지 않았을 지도 몰라요."

　베드로는 오랜 세월 마음 깊이 갈무리되었던 불만과 갈등을 연이어 토로했다. 두고두고 할퀴어져온 베드로의 정신적 상처들이 모습을 드러냈다. 마음으로부터 많은 것을 비워가게 되자 그 동안 억압되었던 분노가 더 이상 인내할 명분을 잃은 것 같았다. 삶의 상처가 되어 마음의 평화에 장애가 되었던 이런 말들은 곧 자기 삶 전체를 다시 한번 되돌아보게 하는 회상의 실마리가 되었다. 나는 허리를 구부려 귀 기울인 채 쉴새없이 흐르는 눈물을 닦아주며 끈기 있게 그의 말을 들었다. 아까운 시간을 행복의 허상을 쫓느라 써버렸다는 회한과 채 여과되지 못해 남아있던 인간적 배신감과 그에 대한 분노가 이어졌다.

　그러나 시간이 흐를수록 그런 이야기에 실려 마음 밖으로 나온 부정적 감정들은 흐르는 눈물에라도 씻겨지는 듯 점차 약화되어 감을 느꼈다. 마음을 아프게 했던 그런 부정적인 것들에 대해 아직 완전하지는 못하지만 이젠 용서한다고 말했다. 감사하게도 마치 교본처럼...

　가래를 뱉어내고 호흡을 가다듬으며 낮은 목소리로 쉼 없이 이야기하던 베드로가 잠시 쉬더니 다시 말을 이었다.

　"그 밖에도 크고 작은 여러 가지 죄를 많이 지었지만 지난번 영세 때 하느님께서 모두 용서해주셨다고 느껴요."

　틈틈이 조용히 생각할 시간이 있었지만 하느님께 기도를 제대로 하지 못했다며 다시 눈물을 흘렸다.

"다른 사람을 만날 때는 몰랐는데 대부님과 수녀님을 만나면 왜 이렇게 눈물이 나는지 모르겠어요."

베드로의 마음 깊은 곳으로부터 샘솟는 선한 마음이 눈물이 되어 흐르고 있음이 느껴졌다.

"언젠가 하느님을 만나게 되면 무어라고 말씀드리고 싶어?"

" '죄만 짓다 돌아와서 죄송합니다.' 라고 말할 것 같아요."

"뭐라고 부탁드릴 희망은 없어?"

"그저 평안하게 해달라고 하고 싶어요."

얼마나 지쳐버린 삶이었길래…

마음을 비운만큼 편안해졌는지 베드로가 조용해졌다. 우리는 그저 손을 마주잡은 채 아무 말 없이 한참을 그대로 있었다. 소독을 마친 베드로의 마음의 상처를 하느님의 사랑이 덮고 있음을 느꼈다.

여덟 번째 만남의 침묵과 약속

3월 29일 금요일 (맑음)
ICU M/42 남자(세례명: 베드로) 위암환자

2000년도 더 지난 그 옛날 하느님의 외아드님이신 예수님께서 십자가에서 돌아가신 성금요일을 기리고 묵상하는 오늘 오후. 특별히 허락을 받아 방문한 중환자 실은 간호사들의 활발한 움직임에도 불구하고 무르익어 가고 있는 봄날의 화창함과는 달리 여전히 선뜻 접근하기 어려운 중압감으로 차 있었다. 주님의 수난의 고통에 참여하고 있는 여러 작은 예수님들이 십자가를 짊어지고 누워 있는 듯 했다. 남겨진 고통을 참아 받고 있는 순명의 분위기란 숙연하고 무거울 수밖에 없을 터였다. 감동은 뒤늦게 마음을 적시는 깨달음일 뿐…

반갑게 나누는 인사조차 힘들어 보이는 베드로는 마구 흐트러진 자세로 옆으로 비스듬히 누워있는 채 땀을 많이 흘리고 있었다. 물 티슈를 얻어다 이마에 흥건한 땀부터 닦아주고 병상주변을 정리했다. 발을 만져주고 손을 잡고 모포를 펴고 눈빛을 맞추다가 머리맡 사물함에 액자에 담겨 놓여진 영세사진을 집어 보여주었다. 본래 말수가 적은 성품이지만 기력이 떨어져서인지 오늘따라 입을 잘 열지 않았다. 어떤 영적 긴장감에 놓여져 있음을 느꼈다. 그 긴장감을 깨트리지 않으려고 조심스레 손잡고 조용히 병상 옆을 지켰다.

당신을 닮은 베드로의 생명을 통하여 베풀고 이루고 싶은 하느님의 뜻을 무엇일까?

베드로는 지금까지 살아온 자신의 삶을 반추하면서 어떤 추억에 빠져 있을까?

베드로의 마음 밭에 씨 뿌려졌던 영원한 생명의 씨앗은 지금 어떻게 변화되어 있을까?

　　최근 베드로가 보인 회한과 통회, 믿음과 봉헌의 마음은 어디서 비롯된 것일까?

　　베드로와 내가 함께 숨쉬고 있는 이 만남은 어떤 의미가 있는 것일까?

　　끊임없이 찾아드는 무수한 생각에 잠겨 오래도록 병상을 지켰다.

　　우리의 침묵은 베드로가 느낀 통증에 의해 간단히 깨어졌다. 진통과 진통제에 대해 상반된 두려움을 갖고 있기에 그에 대해 간략히 설명해주며 안심하도록 격려했다.

　　간호사의 주사에 이어 대화가 이루어졌다.

　　"무슨 생각을 하는 것 같던데…"

　　"여러 가지요."

　　내심 구체적인 얘기를 기대했지만 대답은 한마디로 잘라졌다. 다시 물었다.

　　"아이들 보고 싶지?"

　　"네"

　　"만나면 꼭 해주고 싶은 얘긴 뭔지 말해줄 수 있겠어"

　　"……… 생각을 정리하지 못했어요."

　　"돈 문제 때문에 형님에 대한 불만은 다 없어졌나?"

　　대답 대신 희미하게 고개를 저었다.

　　"혹시 내가 베드로의 불만을 형에게 전해주길 바래?"

　　"아뇨"

단호한 대답으로 빠르게 반응했다.

"형에게도 해줄 말은 있을 거 같아. 맞아?"

"네"

하고 싶은 말은 많은 것 같았지만 마음속에서 채 정리되지 못한 것 같았다.

"베드로. 다음 번 만날 때 마음속에 두었던 말들을 내게라도 다 털어놓을 수 있으면 마음이 한결 편해질 것 같아. 어때. 한번 그래 보겠어?"

"…… 대부님. 다음에 언제 오세요?"

"월요일에 만나러 올 수 있을 것 같아."

"그럼. 생각을 정리해서 그때 말씀드릴게요. 대부님. 감사해요."

잡고 있는 베드로의 손에 힘이 실린다는 느낌이 나를 기쁘게 했다.

병실을 떠나기 전에 격려의 뜻으로 성금요일에 대한 이야기를 들려주었다. 주님의 수난과 부활, 그리고 주님을 믿고 주님께서 보여주신 그 길을 따르기로 약속한 우리 모두는 그분의 수난의 공로로 부활의 기쁨을 누리리라는 희망을 품고 살아가야 한다는 얘기를 베드로는 귀여겨들었다.

"우리 그런 주님의 뜻을 마음에 새기며 함께 기도하지 않겠어?"

나의 성호경을 따라 베드로의 손 움직임이 있었다. 그리고 둘이 한마음이 되어 기도를 드렸다. 무거운 중환자 실 한 귀퉁이에서 하느님의 무한한 사랑과 보살핌을 간구하며 피어오르는 베드로의 분향 같은 기도가 2000년의 역사를 거슬러 성금요일의 오후를 연상케 했다.

† 사랑이신 주님,

이제 당신의 사랑에 물든 베드로를 당신 외아드님의 수난과 부활에 동참하는 은총을 베풀어주소서. 아멘.

아홉 번째 만남의 십자가의 길

4월 1일 월요일 (맑음/봄날씨)
ICU M/42 남자(세례명: 베드로) 위암환자

오전에 들은 바로는 환자가 큰 고비는 넘긴 상태라 일반병실로 옮겨 보호자의 돌봄을 받아야 하는데 이실 문제에 미온적이라고 했다. 그 동안 호스피스 팀 케어나 경제적으로 크고 작은 도움을 받고 있는 것이 어떤 기대감을 키워 이 실을 미루는 하는데 일조하고 있다는 느낌이 들었다. 환자와 가족들에게 말하기가 어려운 내용이라 여겨져 늘 연락이 어려운 베드로의 형님을 수소문하여 연결한 후 호스피스팀의 돌봄 노력에 보호자 측도 적극적으로 협조할 수 있도록 이해를 구하고 조심스레 동의를 받았다.

12시 30분. 중환자 실 앞 복도에서 그새 병원에 도착하여 면회를 기다리는 형님을 만났다. 동생이 월요일에 대부님을 만나서 할 애기가 있다고 했단다. 베드로가 나와의 약속을 잊지 않고 그 경황 속에서도 그 약속의 이행을 위해 준비하고 있었다니 고마웠다. 베드로가 마음을 가다듬어 할 애기가 무엇인지 몰라도 모두 끄집어내어지기를 바랬다. 한편 베드로의 회복이 불가능하다고 판단한 환자가 추후 장기기증이나 시신기증을 할 의사가 있다고 했단다.

면회시간이 되어 방문객들에 끼어 형님과 함께 옷을 갈아입고 중환자실에 들어섰다. 베드로는 봄볕이 잘 드는 창가로 옮겨져 있었다. 겨울나무처럼 앙상한 우리 베드로의 생기 잃은 모습이 그를 비추고 있는 화사한 봄볕과 어쩐지 어울리지 않아 보였다.

"대부님"

들릴 듯 말 듯한 소리로 반가움을 표시하곤 간신히 손을 들어 자기 꼬리뼈 쪽을 가리켰다.

"욕창이 생겼어요."

넘겨다보니 그곳은 엄지손가락 첫마디만큼이나 선홍색 속살을 보이며 화를 내고 있었다. 기력을 잃어가며 오래 동안 누워있는 환자들만 골라 찾아다니는 음험한 방문객인 욕창. 그러나 다행히 조기 발견되어 조치를 잘 받은 탓에 아물어가기 시작하고 있었다.

"…물…"

컵에 따라준 물을 베드로가 조금씩 마실 때마다 즉시 형님은 콧줄을 이용해 큰 주사기로 그 물을 뽑아내곤 했다. 음식물을 섭취하면 구토의 고통이 따르기 때문이었다.

베드로가 혈색이 사라진 손등을 보며 이렇게 말했다.

"이래 가지고 살겠어?"

혈색을 잃은 손등의 피부에서 베드로의 삶의 연민이 느껴졌다.

동생을 달래며 보살펴주고 있는 형님에게 베드로의 이실 문제에 관해 중환자실의 간호사로부터 협조요청을 받았던 보호자 면담을 환기시켜주고 덧붙여 사회사업팀의 면담도 일러주었다. 형님의 다짐대로 동생의 양해 하에 이실이 결정되었다. 베드로와의 단독면담이 자동 순연 되어 이실 할 때 다시 오마고 언질을 주고 봉사자 실로 돌아와 막바지에 있는 호스피스 자원봉사자 지침서 편집 일을 마쳤다.

오후 3시에 0000호실(3인실)로 옮김

3월 14일 이후 생활보호대상자 적용이 되어 의료보험 1종 카드가 발급되었고 진료비 등 가족들의 금전부담이 경감되기는 했지만 모든 것이 감면되는 것은 아니기에 경제적으로 인한 문제는 여전히 상존 했다. 맞벌이인 형님내외가 베드로의 병상을 온종일 지키지 못할 상황이라 호스피스 팀이 여러 경로를 통해 무료 간병인을 수배했으나 결국 수포로 돌아갔다.

시간이 되어 베드로는 이동침대에 실려 2인 실로 옮겨졌다. 병상을 두 번이나 옮기고 많은 생명줄들을 옮기고 다시 주사가 놓아지는 등 어수선한 과정을 통해 이실이 마쳐지자 베드로가 갑자기 화장실을 가겠단다. 병상에서 해결하라는 형님의 권유를 거듭 뿌리치는 베드로의 뜻을 따라 형님과 나는 다시 산소호흡기와 주사액 자동제어장치의 전원을 빼고 몇 가지 체액을 받던 주머니들을 나눠든 채 환자를 양쪽에서 부축하여 화장실로 옮겨주었다. 몇 걸음 못 가 비틀거리면 환자를 붙드느라 빈 링거에 담았던 체액이 쏟아지고 그걸 신경 쓰면 환자의 하의가 벗겨지고 다시 붙들고… 예닐곱 걸음밖에 안될 화장실까지 가는 길이 마치 그 옛날 골고타 언덕을 오르시던 예수님의 십자가의 길처럼 느껴졌다. 주님, 당신뿐만 아니라 이 세상 모든 이를 부활시키기 위해 반드시 가셔야 했던 그 길. 죽음으로서 모든 죄악을 묻어버리고 새 생명에로의 부활을 보여주신 주님께서 오늘 다시 베드로가 되어 걸어 보여주심이라고 느껴졌다.

화장실에서도 고초를 겪고 간신히 돌아온 베드로가 다시 진통제를 원해 들어주니 이번에는 이러다가 혹시 진통제가 안 듣게 될까봐 두려워하며 자해를 해서라도 이제 그만 죽고 싶다고 했다. 진통제의 중독은 염려할 바가 못 된다는 얘기를 들려주어 안심시키고 생명과 부활, 세례성사의 은총, 영원한 신친관계 등에 대해 대화를 나누며 영적 안정을 위해 노력했다.

"베드로! 사랑해!"

형님이 지켜보는 가운데 나는 베드로의 어깨 밑으로 팔을 들이밀어 그를 감싸안아 주었다.

베드로는 자기도 사랑한다는 말로 응답했다.

지금 우리의 마음을 하느님께 기도로 올려드리자고 권유하니 베드로가 자세를 다듬었다.

삶의 막바지에서 견디기 어려운 고갯길을 오르고 있는 베드로는 정성을 다해 기도에 동참했다. 그리곤 곧 잠에 빠져들었다.

약속했던 단 둘만의 대화가 이루어지지 못해 아쉬웠지만 어쩔 수 없이 다음 기회로 미룰 수밖에 없었다.

열번째 소식 – 진재녀 이레네 자매님의 방문일지

4월 10일 수요일
○○○○호실 M/42 남자(세례명: 베드로) 위암환자

편안한 모습을 뵈면 좋을텐데. 어떡할까 생각하며 병실에 들어서는 순간 나 자신도 모르게 기도가 나왔다.

"하느님. 베드로 형제님한테 편안한 삶을 마무리 할 수 있도록 자비를 베푸소서."

많이 흐트러져 있는 병상을 정리하는 동안에도 환자는 아무소리도 듣지 못하는지 계속 주무시고 있었다. 그래서 함께 간 자매님에게 권하여 함께 임종기도를 드렸다. 기도 소리에 잠을 깬 베드로 형제님이 눈을 뜨고 쳐다보았다.

"잘 주무셨어요?" 라고 인사를 드리며 손을 잡아 드렸다. 음료수를 찾아 시원한 물을 떠다 마시게 해드리고 차가운 물수건으로 전신을 마사지 하듯 닦아드렸다. 더러워진 시트도 갈아드리고 팔과 다리도 주물러 드리며 대화를 시도했다. 베드로 형제님이 무슨 말을 하려고 했지만 힘이 없어

말소리가 나오지 않아 제대로 알아들을 수가 없었다.

베드로 형제님이 수녀님을 찾으시기에 지금은 멀리 가셨기 때문에 며칠 지나야 오신다고 대답해드리니 고개를 끄덕하시고는 손을 꼭 잡고 고맙다는 표정으로 웃어 보이시더니 곧 잠이 드셨다.

주무시는 동안 잠시 다른 병실에 들렸다가 다시 돌아와 손을 잡으니 눈을 뜨셨다. 기력이 떨어진 탓인지, 꿈꾸시느라 그런지 자꾸만 헛손질을 하기에 손을 꼭 잡아 드리며 기도했다.

"삶을 잘 마무리할 수 있게 해주시고 하느님 나라로 인도하여 주세요."

어느새 잠이든 형제님을 뒤로하고 나와 형제님의 평화를 지향하며 12시 교직원미사를 참례한 후 돌아왔다.

* 4월 4, 5, 8일 호스피스 피정, 식목일, 입교 환영식 등으로 방문하지 못하여 대신 당시 저의 동료 봉사자로 활동하시던 진재녀 이레네 자매님의 방문 일지를 옮긴 글입니다. 이 방문일지를 남기고 금년 봄에 먼저 세상을 떠나가신 진재녀 이레네 자매님의 영원한 안식을 빕니다.

열한번째 소식 – 이 베드로의 임종

4월 11일 목요일 (밝고 따듯한 봄날)
선종소식 – M/42 남자(세례명: 베드로) 위암환자

지난주는 공교롭게도 피정과 예비신자 입교환영식과 이에 대비하는 교리봉사단 준비 등 여러 가지 사정으로 추가 방문을 못한 탓에 베드로와의 약속을 지키지 못해 마음이 무겁던 터였다. 출근한지 얼마 지나지 않아 호스피스과로부터 전화를 받고 내용을 듣기도 전에 직감적으로 베드로에게 드디어 올 것이 왔다고 느껴졌다. 나도 모르게 맥박이 놀래 뛰기 시작했고 호흡이 바빠졌다.

새벽 5시 30분경 2인실의 병실에서 한 노인환자를 벗(?)삼아 밤새 혼자 병상을 지키던 베드로의 생명의 불꽃이 꺼졌다는 소식이었다. 베드로의 임종을 유일하게 지켜보신 노인 환자 분은 베드로가 불과 두어 시간 전만 해도 잠시나마 다소 거친 숨소리를 내긴 했으나 다시 조용해지기에 무슨 꿈을 꾸다 도로 잠들었으려니 했었는데 그렇게 잠자듯 운명하리라고는 생각지 못하셨단다.

베드로의 사랑스런 모습과 함께 우리가 만나고 함께 했던 추억들이 주마등처럼 지나갔다. 하느님의 사랑에 물들기 시작한 마음의 문을 통하여 가족들과 호스피스 팀과의 사랑을 나누던 갖가지 모습들이 뇌리에 파노라마처럼 영사되었다.

그리고 한 가지 마지막 대화의 약속을 지키지 못한 안타까움과 미안함이 무거운 추가되어 내 마음에 달렸다. 약속을 지키려 했으나 부득이한 사정으로 뒤로 미뤄졌기에 모르는 것이 없고 사랑이 많은 하느님께서 알맞게 도와주셨으리라 믿는다.

그래. 그만큼 고통에 시달렸으니 이제 그만 쉬어야지.

인간적인 욕심에서 비롯되었던 온갖 삶의 애환들일랑 그 고통과 함께 떨쳐 버렸을 테니 이젠 그만 평안해야지…

† 주님. 오늘 당신께서 불러 가신 이 베드로에게 자비를 베푸시어 그가 마지막까지 희망으로 품었던 영원한 생명의 즐거움을 누리게 하소서. 아멘.

4월 12일 금요일
영안실 – 고 이 베드로

조문을 위해 아침 일찍 동료 봉사자들과 함께 영안실을 찾았다. 조촐하게 차려진 빈소를 외롭게 지키던 가족들이 생기를 잃어버린 초겨울의 들녘처럼 서글프게 맞아주었다. 둘러앉아 연도를 바친 후 고향에서 연락을 받고 급히 달려온 부인과 두 딸 등 가족들과 자리를 함께 했다. 하얀 소복을 입고 있는 가족 모두 할 말을 잃고 있었지만 충혈 되고 부어있는 눈들을 통해 사별의 슬픔이 느껴져 침묵 가운데 마음으로 그 큰 슬픔을 나눴다.

잠시 뒤 가족으로부터 직접 기쁜(?) 소식을 들었다. 고인이 세상을 떠나기 며칠 전 가족들에게 편지를 남겼다고 했다. 나와의 대화 약속이 이루어지기 어렵게 되자 미리 정리해 두었던 마음의 얘기들을 직접 한 것 같아서 더 잘된 일이지 싶었다. 베드로의 생애에서 마지막이 된 그 편지는 본인의 자청을 받아들인 수녀님에 의해 대필되었지만 편지에 담겨진 아빠의 마음은 평소의 아버지를 잔소리하는 아버지로 기억하고 있는 딸들에게도 새롭고 긍정적인 아빠, 이제는 그리운 아빠의 기억이 되었을 것이다. 삶의 종점에서 죽음을 대면한 가운데 이루어진 가족과의 화해와 사랑. 베드로에게 가장 소중한 것이 이루어진 것이다.

나도 그 동안 병실방문을 통해 베드로로부터 들었던 가족에 대한 그의 사랑의 마음을 소상히 들려주었다. 진정한 사랑이 부족했던 가장으로서 부인에 대한 미안함과 책임을 다하지 못하는 아빠로서 자녀들에 대한 미안해했던 얘기들을 들려주었고 험난한 세파를 이겨내고 바람직하고 행복한 삶을 살아가게 되기를 바라던 그의 희망도 들려주었다. 그리고 그 어려운 고통의 시간 속에서 마음과 정성을 다하여 하느님께 기도하며 삶을 정리하던 그의 장한 모습도 소상히 전했다. 항공운항과로 진학하고 싶어 하는 여고생 큰 딸(지연)과 요리연구가가 되고 싶어 하는 여중생 막내딸(혜연)을 격려하고 함께 기도하며 노력하자고 했다. 또한 무엇이든 상담할 일이 생기면 언제든지 연락하도록 했다.

베드로의 장례문제는 그의 시신기증이 받아들여져 모든 절차가 거기에 맞춰지게 되어 사도예절은 내일 아침으로 예정되었다고 했다. 직장 출근으로 인해 사도예절에는 참석치 못하게 되어 향후 연락을 약속하고 가족들과 마지막 인사를 나눴다.

나름대로 행복을 추구했던 베드로의 선종사건은 자기 한 사람의 일이

기도 했지만 그의 삶의 마지막 과정을 함께 했던 우리의 묵상을 통한 죽음
이기도 했다.

사람이라면 종교의 유무에 관계없이 행복을 추구하게 마련인데 이타
적인 사랑만이 인간을 참으로 행복하게 한다고 했다.

어떻게 해야 사람다운 삶을 살 수 있는가?

참으로 영원한 행복, 영원한 생명을 누릴 수 있는 것인가?

베드로는 자신의 고귀한 마지막 삶의 과정을 통해 투박하지만 전인적
으로 엄숙하게 그 대답을 시작했다. 그리고 그대로 살기 위해 애쓰다 돌아
갔다. 그의 생명이 왔던 그곳으로…

주님의 말씀 한마디를 묵상한다.

"썩어 없어질 양식을 얻으려고 힘쓰지 말고 영원히 살게 하며 없어지
지 않을 양식을 얻도록 힘써라." (요한 6, 27ㄱ)

† 사랑이신 주님. 이 베드로와 세상을 떠난 모든 이가 하느님의 자비
하심으로 평화의 안식을 얻게 하소서. 아멘.

열 두 번째 소식 – 베드로가 남긴 마지막 편지

4월 14일 일요일

지연이가 아빠로부터 받은 마지막 편지내용이 첨부된 E-mail을 보내
왔다. 한창 예민한 나이에 크나큰 충격을 받았을 텐데도 아빠의 편지를 공

개하여 비슷한 입장에 놓여진 다른 이들에게 작은 도움을 주고자 하는 그
어린 마음이 더없이 대견스러웠다.

안녕하세요
이ㅇㅇ 아빠..딸, 지연이예요~
오늘 점심쯤에 집에 도착했네요^^
그 동안 고마웠어요
아빠… 잘 보살펴드리고… 그래서
여기…
아빠가… 저희한테 쓴 편지예요

To : 사랑하는 지연, 혜연아!
그리고 사랑하는 지연이 엄마!

그 동안 잘 지냈는지 궁금했었다
가족들이 정성스럽게 써서 보내준 편지,
눈물겹게 잘 보았다

지연아! 혜연이는 동생이고 지연이는 맏이니까
뭐든지 행동을 혜연이 하고 똑같이 하면 안 된다

항상 앞서가는 언니가 되어서 엄마 항상 많이 도와드리고,
속썩이는 일은 절대로 해서는 안 된다

엄마가 너희들 생활비를 벌어서 쓰려면 10원짜리도
절약하면서 살아야 살수 있을 것 같다

아빠가 너희들에게 부모노릇 제대로 못한 것,
어떻게 해야 너희들한테 용서받을 수 있을지 모르겠다

그런데 아빠는 너희들에게 참으로 소중한 것을 주고 싶다
엄마와 지연이 혜연이를 너무너무 사랑하고 있다는 것이다.
아빠도 가족의 사랑을 체험하고,
참으로 아름답고 소중한 사랑을 간직하게 해 주어서 정말 고맙다

아빠가 이 세상을 떠나더라도 너희들만큼은 절대로 잊지 않고
기도해줄 것이다

추신

To : 지연이 엄마

함께 살았을 때 내가 아픔을 주었더라면 나를 용서하고,
아이들과 행복하게 잘살아 주었으면 하는 바램이오.
당신을 사랑하오…좋은 아내였소…
지연이 엄마
좋은 것만 생각하고 살기를 바라겠어요

나의 사랑하는 가족들에게
아빠가 마음과 사랑을 담아 편지를 보냅니다
2002. 4. 4. 아빠(이ㅇㅇ 베드로)

하느님의 사랑에
안겨 떠나신
허변호사님을 그리며

송창열 요한
<가톨릭대학교
의정부성모병원
호스피스 자원봉사자>

첫째날 : 2001년 1월 26일 (금)

한겨울의 맑은 날씨를 보이던 1월의 마지막 금요일 아침. 호스피스 자원봉사자실로 가기 위해 엘리베이터를 내리는 나에게 우연한 만남이 있었다. 이 다인실에 입원중이신 어머니(데레사 자매님)를 한번 방문해달라는 김 젬마씨의 요청이었다. 늘 하던 대로 미팅과 기도를 마치고 나서 배당된 다른 병실 방문을 마치고 난 후 약속했던 대로 김 젬마씨가 일러주었던 데레사 자매님의 병상을 찾았다.

따님의 안내로 인사를 드린 후 병상 옆에 앉아 40여분간 여러 가지 말씀을 경청했다. 폐암진단을 받고 최근 상태가 악화되어 입원하셨다는 데레사 자매님과 대화가 시작된 후 늘 하던 대로 미소와 사랑의 마음으로 마주보고 앉아 그때그때 적당히 대화의 물꼬만 바꿔드렸던 것이 호스피스 자원봉사자로서 내가 했던 전부였다.

1995년 무남독녀의 권유로 늦은 나이에 영세하신 환자인 데레사 자매님의 첫인상은 한마디로 소박한 '두메꽃'을 대하는 느낌이었다. 편안한 느낌과 인자한 표정도 그랬지만 대화 속에 담긴 데레사 자매님의 꾸밈없

210

는 마음씨에서 더 그렇게 느껴졌다. 투박하면서도 정겨운 마음씨가 배어 있는 지난 삶의 편린들이 삶의 환경에 순응하며 순박하게 살아오신 모습으로 느껴져 더더욱 두메꽃이 연상되었다.

데레사 자매님은 일찍이 청상이 되신 후 무남독녀 외딸을 키우며 많은 고생을 해오셨는데 늘 바르고 성실한 자세로 사랑과 인내의 삶을 살고자 노력하셨단다. 곁에 있던 외동딸 젬마씨도 그동안 베풀어주신 어머니의 지극한 자식사랑은 가이없다며 자신의 마음에 켜켜이 쌓여있는 어머니의 사랑에 감사하다고 했다. 젬마씨가 들려준 데레사 자매님의 내리사랑은 영락없이 하느님의 무한한 사랑 같았다. 그런 마음씨 탓(?)이겠지만 딸과 사위가 자신의 병원비 지출로 인해 받을 경제적 부담 때문에라도 빨리 떠났으면 좋겠다는 말씀도 하셨다.

“데레사 자매님. 말씀이 너무 재미있어서 시간가는 줄 모르겠어요. 앞으로 허 변호사님이라고 불러 드릴께요.” 라고 말씀드리니 “그래. 나 변호사야.” 하시며 어린아이처럼 좋아하셨다.

호스피스 환자를 잘 돌보기 위한 관건중의 하나인 공감대가 잘 형성된 후로는 대화를 이어가는데 별 어려움을 느끼지 못할 정도로 신이 나서 말씀하셨다. 자연스럽게 흐름을 타면서 대화의 주제를 삶의 참된 의미와 소중함으로 유도했다. 잠시 지난 삶을 회고해보시더니, 아무리 힘들더라도 늘 하느님의 뜻을 잘 따르며 매순간을 소중하게 여기며 살아야 하지만 아직 하느님을 만날 준비가 안되었다면서도

"나 아무리 생각해도 정말 잘못한 것이 별로 없는 것 같아."

"나 지금 죽어도 지옥은 안 갈 것 같아." 라고 진지하게 말씀하셨다.

현재 하느님께 바라는 것이 무엇인지 말씀하시게 하여 그것을 기도 안에 담아보시라고 권유했다. 따님이 지켜보는 가운데 데레사 자매님과 손을 마주잡고 둘이 번갈아 자유롭게 기도를 바쳤는데 데레사 자매님은 투병의 어려움을 잘 극복할 수 있는 힘을 주시라고 기도하셨다.

많은 대화를 나눈 후 병실방문을 마치기 전, 따로 따님을 만나 어머니와의 깊은 대화를 통하여 앞으로 필요한 일들에 대해 어머니의 의중을 미리 알아두도록 했다. 얼마 전에 병자성사를 받았는데 다시 받을 수 없느냐는 질문에 대해 병자성사의 깊은 의미를 설명해드리고 다시 받으시게 해드렸다.

둘째날 : 2001년 2월 2일 (금)

마치 못 다한 효도를 다하려는 듯 어머니 곁을 떠나지 않고 정성스레 돌보던 따님이 마침 자신의 진료 때문에 자리를 비운 사이에 방문하게 됐다. 데레사 자매님은 일주일 전의 만남이 좋으셨던지 반갑게 맞아주시고는 익숙하지 못한 병원생활에 다리도 아프고 허리도 아프다며 주물러달라고 요청하셨다. 원하시는 대로 한동안 주물러드리니 다리가 시원해졌다며 이러다 다리가 낫는 게 아니냐고 기대감을 보이셨다. 부종맞사지 교육과

발반사 교육을 받았던 경험이 크게 도움이 되었다.

꿈에 예수님이 나타나셔서 ?하느님, 감사합니다? 를 천 번 하라셨는데 못했다시기에 하느님을 사랑하는 마음으로 꾸준히 해보시라고 권해드리니 눈앞에서 그대로 몇 십 번이나 하셨다. 어린이 같은 순수한 마음이 느껴졌다. 지난날 즐겁고 보람 있었던 일을 질문하여 긍정적인 회상을 하게 해드렸다. 딸 낳고 키우던 일이라시더니 엉뚱하게 딸이 또 있으면, 사위 삼았으면 좋겠다며 호감을 보이셨다. 다소 개방적인 성격이시라 격의 없는 언행이 자연스러워 다른 환자분들보다 영적인 투병환경은 좋은 편이었다. '허 변호사님' 이라는 호칭과 함께 자주 칭찬과 격려를 해드리며 대화를 나누던 중

"언제 또 와?" 하고 물으셨다.

"언제 또 올까요?" 하고 다시 여쭈니

"내일 또 와" 라고 큰소리로 말씀하셔서 우리의 만남을 눈여겨보고 있던 병실 환자들 모두가 폭소를 터뜨렸다.

대화가 계속되는 동안 편안해지신 데레사 자매님이 졸음이 오는 기색이라 진료를 마치고 돌아와 자리를 지키고 있던 따님과 함께 조용히 기도를 드리고 물러났다.

셋째날 : 2001년 2월 5일 (월)

밤 11시경 뜻밖의 전화를 받았다. 따님 젬마씨로부터 걸려온 전화였다. 오늘 오전 엄마의 병세가 악화하여 급히 1인실로 옮겼는데 엄마가 좋아하시는 분이라 전해드려야 할 것 같아 전화했다며 하루 종일 눈도 못 뜨고 의식도 없는 것 같다는 내용이었다. 어쩐지 불안하여 마침 병실에 들렀던 큰 딸(환자의 외손녀 : 중3)을 붙들어 놓고 있다고 했다. 순간적으로 불길한 느낌이 들었다. 방문을 약속하지는 않았지만 수화기를 내려놓자마자 서둘러 준비하여 병원으로 달려갔다. 기도를 바치며 운전을 하는 내 머리 속에 며칠 전까지 환히 웃으시던 데레사 자매님의 밝고 따듯한 모습이 떠올랐다. 기나긴 밤을 어떻게 보내야할지 몰라 불안해하고 있을 따님의 심경이 곧 ?파수꾼이 새벽을 기다리기보다 새벽을 더 기다리나이다? 라는 말씀처럼 느껴져 그대로 내 마음에 와 닿았다. 그새 그렇게 위독해졌다는 것이 믿기지 않았다.

데레사 자매님이 여러 개의 생명줄을 달고 주무시듯 누워 있는 병실을 들어섰다. 따님 은 뜻밖의 방문을 반기며 맞았다. 눈인사를 나눈 후 "아니 이렇게 갑자기 웬일이시래요?" 하며 환자의 힘없는 손을 살며시 잡았다.

하루 종일 아무 의식이 없이 누워만 계셨다던 모친을 바라보며 따님이 말했다.

"엄마, 요한 형제님이 오셨어요. 엄마가 좋아하는 형제님이잖아요. 엄마!" 하고 깨워보려 했다. 기대하지 않았는데 감사하게도 눈을 뜨셨다. 데

레사 자매님은 마치 긴 잠에서 깨어나기라도 한 듯 병실을 일별하시더니
금세 나를 알아보시곤 예의 그 환한 얼굴로 활짝 웃으시며 양손을 잡음과
동시에 쉰 목소리로 어서 오라시며 아주 반갑게 마주 포옹해주셨다. 안도
와 감사가 어우러진 마음이 순간적으로 나를 들뜨게 했다. 깊어가는 한밤
의 반가운 만남이었다.

데레사 자매님의 기력이 전과 같지 못해 짧은 대화만 간헐적으로 이
루어지는 가운데 잠들고 깨기를 반복하시는 동안 수족을 주물러 드리며
계속 숏는 온 몸의 식은땀을 닦아드렸다. 적당하다 싶을 때마다 '허 변호
사님' 이라고 부르며 사랑한다는 말씀을 해드렸다. 그 때마다 만면에 웃음
을 담으시며 밝은 표정을 보여주셨다. 전화를 받고 병원으로 달려가며 불
길한 상상을 했던 시간에 비하면 그 웃는 모습을 뵐 수 있는 그 시간은 은
혜로운 시간이었다.

하루 종일 어려운 상황을 겪었던 따님은 전혀 예상치 못한 어머니의
변화에 놀라워했고 그만큼 나의 방문에 감사한다고 말했다. 어머니에게
가족들의 사랑과 격려의 말씀을 자주 해드릴 것과 장례문제에 대한 어머
니의 의중을 타진하는 대화요령 등을 일러드렸다. 데레사 자매님의 동의
를 받아 머리맡에서 따님과 함께 '임종자를 일깨워주는 기도' 를 함께 바
쳤다. 데레사 자매님은 기도의 단락마다 입술을 달싹거리며 빠짐없이 '아
멘' 으로 응답하셨다. 기도를 바친 후 간병에 지친 따님과 가족들을 휴게
실로 나가 쉬도록 해드리고 혼자서 병실을 지켰다. 데레사 자매님의 귓가

에 앉아 영적도움이 되리라 생각하고 혼자서 30여 분간 조용히 성가를 불러드렸다. 데레사 자매님도 편안한 모습이었지만 내 마음도 사랑으로 가득 차오름을 느꼈다. 시간은 점점 흘러 한밤으로 치달았다. 어느새 연락을 받고 달려온 친척들이 도착하여 병실은 다시 가족들로 가득 찼다. 데레사 자매님의 상태가 호전되어서인지 우애가 돈독해 보이는 가족과 친지들이 모인 병실분위기는 비교적 안정을 찾고 있었다. 그 때까지 귀가하지 못하고 소파에서 자고 있던 큰 외손주는 아침 일?? 등교를 위해 귀가해야 했는데 마침 집이 같은 방향이라 데려다 주기로 했다. 안정된 모습으로 잠드신 데레사 자매님을 뒤로하고 가족들의 따뜻한 배웅을 받으며 물러났다. 큰 외손주를 집까지 데려다주고 귀가하니 시계바늘은 어느새 새벽 4시를 넘기고 있었다. 곧 출근해야할 입장이 다소 걱정되었지만 하느님의 사랑에 짙게 물든 내 마음과 데레사 자매님의 밝고 환한 미소가 가득함을 느끼며 나도 모르게 감사의 성호를 그었다.

넷째날 : 2001년 2월 6일 (화)

오후에 직장에서 따님에게 전화를 걸어 어머니의 안부를 물었다. 어제 밤 이후 상태가 많이 좋아져서 방문객들과 말씀도 많이 나누시고 기분도 좋아지셨으며 방사선치료도 받고 싶어 하셨단다.

저녁 늦게 퇴근 직전에 다시 따님에게 전화를 걸었다.

"오늘은 방문이 힘드시겠지요" 라는 말씀에서 방문을 기대하는 여운이 남았다. 나도 모르게 병원을 향해 다시 핸들을 잡았다.

나도 잘 모른다. 왜 내가 그 순간 즉시 그런 마음을 갖게 되고 바로 떠나곤 하는 것인지… 분명한 것은 그런 시간들을 통해 나 자신이 하느님의 사랑을 더 깊이 체험하며 생명의 소중함과 삶의 참된 의미를 거듭거듭 되새기는 은총을 받는다는 사실이다.

데레사 자매님은 깊이 잠들어 있었고 따님도 병상에 딸린 소파에서 새우잠을 자고 있었다. 그 옆에서 사위와 조카가 밤샘 돌봄을 위한 음식을 나누고 있었기에 잠시 인사만 드리고 병원 성당으로 내려가 데레사 자매님과 가족들을 위하여 고통의 신비로 묵주기도를 바쳤다. 한밤의 고요함에 잠긴 채 바치는 묵주기도는 하느님의 사랑 속에 머물고 있는 듯 아늑한 느낌이었다.

밤 2시쯤 귀가를 위한 운전 중에, 간병하느라 온 마음과 온 정성을 바치고 있는 외동딸 내외는 물론, 가족과 일가친척들 모두가 데레사 자매님을 위한 사랑으로 하나 되고 있는 모습이 떠오르며 다시 내 마음을 따뜻하게 했다.

다섯째날 : 2001년 2월 7일 (수)

오후에 따님으로부터 전화를 받았다. 어머니가 오후에 들어서면서 다소 나빠지는 것 같다며 퇴근 후 늦게라도 방문해주기를 요청해오셨다. 저녁 10시 30분경 병실을 방문하니 따님이 초조한 모습으로 기다리고 있었다. 데레사 자매님은 통증조절로 온종일 거의 수면상태에 있었단다. 짧은 대화는 나눌 수 있어 그나마 다행이었지만 산소공급도 무색하게 입을 벌린 채 숨쉬시느라 크게 오르내리는 가슴의 움직임이 한눈에도 전보다 훨씬 힘들어 보였다.

간간이 몹시 가려워하며 전신을 긁으시기에 따님과 함께 손가던 곳마다 약을 발라드리고 토닥여드리며 대화를 나눴다. 두 팔로 안아드리면서 "사랑합니다." 라고 해드렸는데 따님까지 좋아했다. 데레사 자매님이 고맙다고 말씀하시며 웃어 보이실 때마다 하느님께 감사드렸다. 영적 환경의 중요성이 점점 증대되는 시점이라 여겨져 모든 대화를 신앙적인 배경에 오버랩시키기 위해 노력했다. 온순하고 순박한 삶을 살아오셔서인지 삶과 죽음의 경계를 허무는 긍정적인 의미가 무리 없이 수용되기 시작했다는 느낌을 받았다.

일러주었던 대로 따님이 알아본 어머니의 의향은 사후 화장해달라는 것이었단다. 장례비라도 아끼고 싶어 내린 뜻이지 싶었다. 상태 악화 후 옮긴 1인실 사용에 대한 병원비만 해도 걱정이 큰데 병간호를 위해 딸이 운영하던 가게까지 문 닫고 있어 가계에 타격이 크리라고 그래서 자신이 빨리 가야한다고도 하셨다니까.

내일은 볼일이 있어 오지 못하고 모래 아침에 뵈러 오겠다고 약속한 후 요청에 의해 함께 기도를 바치고 밤 1시 40분 경 귀가했다. 집에 들어서는 내 마음에 사랑과 평화가 가득했다.

여섯째날 : 2001년 2월 9일 (금)

올 겨울 유난히 많이 내리던 눈이 새벽부터 다시 내려 빙판이 되어버린 길을 아침 일찍 성모병원을 향하여 운전하는 동안 데레사 자매님을 위해 묵주기도를 바쳤다. 여느 때보다 늦게 병실을 들어서니 벌써 동료 봉사자들이 '임종자를 일깨워주는 기도'를 바치기 시작하고 있었다. 요동치듯 가슴을 들썩이며 숨을 몰아쉬고 있는 데레사 자매님의 모습이 너무 고통스러워 보였다. 이제 삶의 막바지 고개길을 오르기 위해 마지막 힘을 다하고 있는 존엄한 생명력 앞에서 저절로 숙연해졌다. 따님 곁에 서서 함께 기도를 바치고 나서 동료 봉사자들이 떠난 병실에 혼자 남았다.

"너무 힘드시죠? 데레사 자매님. 사랑해요. 힘내세요!" 하고 조용히 말을 건넸다. 고맙게도 눈을 꿈적이며 머리를 움직여 반응하셨다. 나의 방문이 있는 날이면 어머니의 상태가 좋아지던 일이 우연히 반복되었던 탓인지 그때마다 환대 속에 기대감을 보이던 따님이 희미하나마 다시 반응을 보인 어머니에게 다가가서

"엄마, 이제 우리 걱정은 하나도 하지 말고 하느님만 생각하세요." 하며 어머니를 정성껏 어루만져드렸다. 따님은 가족 모두 시간만 나면 사랑

을 전해드리기 위해 노력하고 있다고 했다.

사위도 어젯밤 "어머니, 그동안 잘해드리지 못해 죄송합니다." 라고 말씀드렸는데 의식이 없으신 줄 알았던 어머니가 눈을 감은 채 왼 손을 올려 사위를 끌어안으셨단다. 화해와 사랑의 순간이었으리라.

따님은 어머니의 신앙에 깊이가 없어 보여 그동안 걱정이 많았는데 최근 호스피스를 통하여 마음의 문을 열고 하느님의 사랑을 받아들임으로서 임종준비를 잘 하고 계시는 것 같다며 고마워했다.

"어머니가 자신보다 늘 가족사랑, 특히 딸에 대한 사랑과 염려로 일관해 오신 훌륭한 모습이 제 마음을 훈훈하게 만들어주고 있어요. 그래서 제가 어머니를 존경하고 더 사랑하고 있나 봐요."

"병실방문을 통해 만나던 중 젬마 자매님의 표정이 오늘 제일 평화로워 보이시네요." 라고 따님을 거듭 격려해드리니 환한 얼굴로 자신도 정말 그렇게 느낀다고 대답했다.

하느님의 사랑으로 데레사 자매님과 가족 모두를 지켜주시어 서로의 마음 안에 사랑으로 영원히 살게 해주시고 모두 영원한 생명을 누릴 수 있는 은총을 베풀어주시라는 기도를 함께 바치고 물러났다.

오후 내내 호스피스과에 머물면서 몇 차례 더 방문했다. 데레사 자매님의 상태는 점점 악화되어 저녁 5시쯤에는 오늘밤이 고비라는 말까지 나왔고 가까운 친척들에게 급히 연락이 취해졌다. 고명딸 내외가 자리를 지키고 있는 병실에 외손주 등 연락을 받은 가족과 친척들이 속속 도착하기 시작했다.

수시로 데레사 자매님의 몸을 안아드리며 "사랑해요." 라고 말씀드렸다. 또 가끔 데레사 자매님의 청각능력을 감안하여 큰소리로 "하느님! 사랑해요. 예수님! 감사해요." 라고 기도드렸다.

젬마씨가 어머니의 손을 잡고 "엄마, 엄마" 하고 부르며 말했다.

"엄마, 편안한 마음으로 떠나요. 우리 걱정은 하나도 할 거 없어. 우리 잘 해 낼 거야.?"하며 엄마의 마지막 여행준비를 잘 도와드리고 있었다. 그리고 호스피스과 유 로즈데레사수녀님에게 그간의 정성어린 돌봄에 대해 고마움을 전했고 임종 후 장례문제도 점검하기 시작했다. 마지막까지 자손들을 위하여 조건 없는 사랑을 베풀어주셨던 어머니, 그 어머니의 쾌유를 위해 정성을 다하여 효도해온 딸과 사위를 곁에서 지켜보며 나누는 사랑의 고귀함과 신비함을 느꼈다.

초저녁에 본당의 모임 때문에 부득이 병실을 떠나야 했던 나는 몇 가지 조언과 격려를 드린 후, 마침 귀가하려는 외손주를 데리고 병실을 물러났다.

뜨거워진 몸으로 쉴새없이 식은땀을 흘리며 더욱 가쁘게 숨을 몰아쉬고 있는 데레사 자매님의 고통스러운 모습이, 내 마음속에서 늘 활짝 웃고 계시던 모습과 중첩되어 오래도록 마음아 아팠다. 저녁 늦게라도 재 방문하려던 계획이 예상치 못한 사정으로 이루어지지 못해 두고두고 너무나

아쉬웠다.

그리고 그날 밤 선종하셨다는 소식을 들었다.

사랑과 희생으로 교직된 삶을 사시느라 온갖 고생을 마다 않으신 인자하신 어머니로서,

투박한 질그릇 같이 편안하고 욕심 없는 마음으로 이웃과 함께 했던 허 변호사로서,

두메꽃처럼 있는 그대로의 삶으로 하느님을 찬미했던 하느님의 사랑을 받는 딸로서,

데레사 자매님은 마지막까지 손에 쥐고 계시던 로사리오의 안내로 고통의 계곡을 지나며 부활의 희망을 품고 생의 마지막 여행을 떠나셨다. 우리 곁에서 하느님의 사랑을 나누던 또 한사람의 귀중한 삶이 마침내 그렇게 마침표를 찍은 것이다.

어머니의 사랑에 조금이나마 더 보은하기 위해 온 정성을 다해온 따님 젬마씨가 한때 실신하여 모두를 긴장시켰었으나 모든 장례절차를 고인과 유족의 뜻대로 마칠 수 있었다.

후감

장례 후 따님 젬마씨를 가게로 몇 차례 더 방문했다. 어머니와 외동딸 사이의 시공을 뛰어넘는 지극한 사랑이 녹차의 향기를 따라 피어오르는

가운데 위로와 감사를 주고받으며 사별가족의 상실감과 무력감에 대해 대화를 나눴다. 3개월이 지난 5월 호스피스과 사별가족 모임에 앞서 고인의 영복을 위한 위령미사가 봉헌됐고 지금 유족들은 거의 정상적인 생활로 돌아왔다. 유족이 된 따님은 장차 때가 되면 호스피스 봉사를 하고 싶다고 했다.

겪어보지 못한 죽음의 순간은 누구에게나 두렵기도 하고 피할 수 없는 길이기도 하지만 새로운 관문이기도 하다. 죽음이 두려움으로 오는 것이 아니라 희망으로 오는 것이며, 생명의 마지막이 아니라 부활의 관문이라는 생각을 지니고 대면하게 해줄 수만 있다면 절망적인 어둠을 밝게 비추어주는 한줄기 구원의 빛이 될 것이다.

영혼의 조산사…

죽음을 앞둔 말기환자를 마지막까지 하느님의 사랑으로 돌봄으로서 죽음을 평안히 맞이하도록 도와주고 그 가족의 고통과 슬픔까지 함께 나누는 호스피스 케어야말로 삶과 죽음의 경계를 넘어 하느님의 사랑 안에서 영원한 생명을 얻을 수 있는 마지막 기회이며 호스피스 봉사는 이를 놓치지 않도록 도와주는 봉사이기에 더욱 소중하고 큰 의미가 있다고 굳게 믿는다. 여러모로 부족한 이 몸을 호스피스 자원봉사자로 불러주시고 써주시는 하느님께 마음깊이 감사드리며 지금은 천국에 계실 허 데레사 변호사님을 그리며 희망의 기도화살 하나를 날린다.

사랑 자체이신 하느님!
하느님의 사랑에 안겨 겸손한 마음으로 떠나가신
당신께서 사랑하시던 딸 데레사를 너그러이 받아주시어
영원한 생명을 누릴 수 있도록 자비를 베풀어주시고,
남겨진 유족과 저희들을 사랑과 은총의 삶으로 이끌어주시어
훗날 모두 천국에서 다시 모일 수 있도록 도와주소서.
아멘!

민지의 방

호스피스(Hospice)

국내 호스피스 관련기관 인터넷 주소록

사랑의 나눔

송창열 요한 형제님께서 호스피스 가족들과 봉사자간의 사이버 공간에서의 만남을 위해 2001년 2월 18일 개설하였던 게시판중의 하나로 '호스피스를 사랑했던 김 미카엘님의 유족들과 함께' 라는 소제목 하에 운영되고 있는 방입니다. 5학년이었던 민지는 그해 11월 11일까지 아빠와 함께 했던 소중한 기억을 가슴에 담고 어느새 중학교 3학년이 되었고 동생 민우도 6학년이 되었습니다. 그동안 많은 분들이 민지의 방에 올려주신 격려의 이야기들과 시, 아름다운 동영상 등은 민지와 민우, 그리고 미카엘의 아내 이정림 제노베파에게 잔잔한 기쁨과 희망을 안겨주는 소중한 선물들이었습니다. 이 지면을 통해 그분들께 드리는 고마움의 인사를 다시 전하고자 합니다. 앞으로도 이곳을 통하여 민지의 이야기를 들려드리며 고운 분들과의 아름다운 교감이 계속될 수 있기를 바랍니다.

[고마운 분들에게] 여러분! 저 민지예요^—^<꼭! 읽으셔야되요!>
번호:146 글쓴이: ★민지★ 조회:20 날짜:2003/01/20 14:32

.. 안녕하세요^—^ 저 민지예요

들린다 들린다 하면서 안 들린 절 용서해주세요;;; 이젠 들릴려구 노력하는 중이에요;;;

핸드폰에도 호스피스 사랑방 들어가기! 라고 일정도 등록했어요^—^!

항상 3시 되면 핸드폰에서 호스피스사랑방 들어가라고 알려줄 거예요;;;

제가 작년 10월에 올리고 안 올렸네요;;; 저 정말 나쁘죠? 이렇게 저 생각해주시는 분들이 계시는데

한번도 안 들리고 말이에요;;; 아무튼 제가 작년10월에 들린 후로 저한테 글 올려주신 모든 분들께 답장 드릴게요~

우선 쪼메난 님~!

예쁜 바닷속 구경 시켜 주신 것 감사해요^—^ 민지는 그 중에서 산호가 제일 예뻐서 사진도 저장해놨답니다! 정말 예뻤어요! 다음에도 예쁜 사진들 올려 주실꺼죠? 그리고 마리 이야기 동영상을 보고 싶었는데 동영상이 안 뜨더라고요;;; 못 봐서 죄송합니다~!

그 다음엔 rkrtldjssl 님~!

예쁜 플래시들 정말 고맙습니다^—^ 음,,, 첨에 올려주신 마지막잎새였던가요? 정말 예뻤어요~ 그거 맨 마지막에 나온 글 열심히 적어서 일기장에 써놨답니다! 그거 쓰느라고 힘들었어요;;; 그리고 인생을 즐겁게 사는

법! 그것도 일기장에 써 났답니다! 그거 읽고 몇 가지를 실천을 하는데요
~! 님 덕분에 쪼그만 애가 인생이라고 하기엔 그렇지만;;; 그래도 인생을
즐겁게 산답니다~! 그리고 손가락이 열 개인 이유에서 끝에 조그마한 편
지~! 정말 감사드려요~ 저희엄마 걱정도 해주시고 정말 고개 숙여 감사
드립니다! 또~ 일곱 가지 행복해지는 법! 그것도 일기장에 써 났죠 뭐~!
그거 덕분에 행복하게 살고 있어요~! 그리고 별이 되어라 이었던가? 그
시(시라고 해야 되나?) 아무튼 그 시 이해를 잘 못하겠더라고요;;; 죄송합
니다~ 그리고 발자국이란 거요. 그것도 감명 깊게 봤어요! 제 옆에도 항상
예수님이 걸어주시겠죠? 그리고 사랑은,,, 그것도 글이 너무 예뻐서 일기
장에 적어놨어요^^ 그리고 크리스마스 때 올려 주신 것도 잘 봤습니다! 정
말 감사드리고요^^ 앞으로도 예쁜 플래시들 올려 주실 거죠?

마리아 수녀님, 항상 저희 가족 걱정해 주셔서 감사드리고요 답장 많
이 못해드려서 죄송합니다... 그리고요 1월11일에 올려주신 플래시 정말
고맙습니다^─^ 제가 중3이긴 하지만;;; 애처럼 눈 오면 노는 거 진짜 좋아
하거든요~ 비록 진짜 눈 오는 건 아니었지만 그렇게라도 봤던 눈! 정말 정
말 예뻤어요~! 거짓말 아니에요^^ 아무튼 정말로 감사드려요~!

남궁연호님!

저도 제대로 안 들어오는데 자주 못 들리신다고 미안해하시지 마세요;;; 제가 더 죄송해요! 그리고 시집 출간 하신다고요? 축하 드리고요 지금 나왔을지는 모르겠지만 나오면 알려주세요! 사서 읽을게요~!

picturedream 님!

크리스마스의 어원이었던가? 그거 잘 읽었어요!^^ 그거 읽고 크리스마스는 지났지만 애들한테 잘난 척 좀 했죠 뭐! 감사합니다~^^

요한이 아저씨~!

한동안 안 들어와서 죄송합니다! 그리고 올려주셨던 플래시 있잖아요. 크리스마스 다음날에 올려 주신 거요~! 그거보고 딱! 내이야기네! 라고 말한 거 있죠~ 저도 늑대목도리가 얼마나 필요한데요>ㅁ< 제 친구들은 크리스마스 때 남자친구들 만난다고 저만 따 시킨 거있죠? 그래서 짝 없는 친구와 함께 문자를 보내며;;; 그리고 민우랑 영화를 보며 크리스마스를 보냈어요ㅜㅜ 하지만! 이제 필요가 없어요! 이제 공부만 열심히 하려고요! 저도 이제 중3이잖아요! 아무튼 항상 죄송하고 항상 감사합니다! 앞으로 민지 활동 많이 할게요! 그럼 민지는 이만 물러가요!

안녕하세요∞☆

제 민지예요. 오늘은 설날이에요. 여러분 떡국 드셨어요? 민지도 맛나게 먹었답니다. 저번에 답장해 드렸던 분들 말고요;;; 이방이 생기고 난 후부터 저한테 올려주신 분들에게 답장해 드릴려구요.

수영이 언니; 그때 이후론 서로 연락이 안 됐던 것 같아요;;; 이 글 보면 저한테 글 올려 주실 수 있죠?^—^ 기다릴게요;;;

사라수녀님, 수녀님 보고 싶어요; 그 동안 연락도 안 드리고;;; 정말 죄송해요. 언제 한번 뵙고 싶어요;;;

천주의 어린양 님;;; 김수정님;;; 스파이더맨님;;; 한봄님;;; hyang님;;; 따슴이님;;; 보듬이님;;; rkrtldjssl님;;; 은경이;;; 이태은님;;; 저와 민우에 대한 관심과 사랑 감사드려요. 뭐라고 불러야 할 지 몰라서 님으로 통일했어요;;; 너무 버릇없어 보였다면 죄송합니다.

그리고. **♡향기♡님,** 올려주신 사진(새싹;;;) 너무 예뻐서 파일에 저장해놨어요^—^

전희경님;;; 사랑의 씨앗인 요정이 되면 그 글 너무 예뻐서 일기장에 써놨어요^—^

포지션님, 어린이날에 올려 주신 글 잘 읽었어요^—^

☆사랑천사☆ 혜정이언니, 그때는 메일도 주고받고 그랬었는데;;; 잘 지내고 있는 거죠?

그리고 **정미언니!** 보고 싶어요^—^ 언니도 잘 지내지?
picturedream님, 동화에 나오는 그림이었던가요?
아무튼 그거 그림이 너무 예뻤어요;;; 고맙습니다^—^

마지막으로 **요한 아저씨** 늘 감사드립니다^—^

여러분! 새해 복 많이 받으시고요! 올해에도 행복하시고 좋은 일만 생기시길 기원할게요. 그럼 민지는 이만 물러갑니다. 피융∞☆

호스피스(Hospice)

호스피스란?

완치의 가능성이 없는 죽음을 앞둔 말기 환자와 그 가족을 사랑으로 돌보는 활동이다. 호스피스 운동은 1960년대 영, 미 지역에서 활발히 전개되어 온 비교적 최근의 운동이라 할 수 있다. 인간 생명은 사랑에서 시작된 것이며 하느님 모상대로 태어난 인간의 존엄성을 소중히 여기는 마음에서 이어지는 사랑의 운동이다. 호스피스에서는 말기 환자들이 임종을 맞이할 때까지 인간의 존엄성과 높은 삶의 질을 유지하면서 마지막 순간을 잘 준비하여 희망을 가지고 평안하게 맞이하도록 신체적, 사회적, 영적으로 돌봄으로써 임종환자의 죽음의 과정을 변화시켜 견딜 수 있고 의미가 충만한 경험이 되도록 도와주며 사별의 슬픔과 고통을 경감시키기 위한 전인적인 돌봄이다.

호스피스 어원

호스피스는 라틴어의 어원이며 Hospece(손님) 또는 Hospitum(손님접대)로부터 기인되며 주인과 나그네인 손님 즉 인간이 서로 돌보아 준다는 의미가 있다. 또한 중세기에 성지예루살렘으로 가는 순례자나 여행자가 쉬어가던 휴식처라는 의미에서 유래된 말이며 그것

이 아픈 사람과 임종하는 사람들을 위해 숙박소를 제공
해주고 필요한 간호를 베풀어 준 것으로 시작되었다.

호스피스 정의

여러 가지로 정의 될 수 있으나, 테리밀러는 인간이 죽
음에 앞서 멈추어 휴식하는 장소로 모든 이와 작별하기
전에 자신의 삶을 가다듬고 완결하는 장소라고 하였으
며 더그라스는 특별한 장소가 아니라 돌봄의 개념이라
고 주장하였다.
호스피스는 죽음에 대한 고요한 통찰력을 갖도록 하여
임종환자가 그의 마지막 생을 가족과 친지들로 둘러 싸
여 평온하게 최종의 날을 맞도록 하는 것이다. 호스피
스는 돌봄의 공동체로서 정의되기도 하며 인간이 죽기
전에 머물면서 쉬고 생을 정리하고 마무리하여 조화를
이루는 작업을 하도록 시간과 공간을 마련하는 것이다.
마그노는 가난하게 죽어 가는 사람에게 사랑을 베푼 마
더 데레사의 사랑을 호스피스 간호의 중요한 개념이라
고 말하였다.

대상자

호스피스 대상자는 임종에 가까운 말기 환자들로서 의

사의 진단 후 더 이상의 의료적 치료가 불가능한 환자
와 그의 가족 모두가 포함된다.

환자 대상자

1. 의식이 뚜렷하고 의사소통이 가능한 환자
2. 통증완화 및 증상관리만을 주목적으로 하는 환자
3. 임종이 3-6개월 이내로 예견되는 말기환자

가족과 친지

대상자의 가족과 친지를 한 단위로(unit)로 간호한다.
가족 중의 구성원의 죽음은 신체적, 정신적, 경제적 및
영적으로 큰 혼란을 초래하기에 호스피스 활동은 가족
들의 요구에도 관심을 갖고 대상자가 사망한 후에도 그
들이 슬픔을 극복하고 사회에 적응하도록 도와준다.

호스피스의 형태

호스피스 활동은 장소에 구애됨이 없이 대상자가 어느
곳에 있든지 지속적으로 돌보아 주어야 한다.

1. 형태는 크게 4가지로 나누어 불 수 있다.
1) 독립된 호스피스 기관

별도시설에서 호스피스만을 실행하는 것을 의미
한다.
2) 병원내의 호스피스 병동
병원 부속형 호스피스로 별도의 병동을 운영하며 의
사, 간호사가 병동에서 호스피스 요원으로 준비된
형태이다.
3) 산재형 호스피스
병원 내에 각 병동에 입원되어 있는 환자를 대상으
로 하는 형태이다.
4) 가정 호스피스
일정기간 동안 입원치료 하다가 가정으로 퇴원한 환
자들을 가정 방문하여 돌보는 형태이다.

자원봉사자

자원봉사자는 자유의지로 사람이나 사회를 위해 무보
수로 헌신하는 사람들이다.
자원봉사자는 호스피스 프로그램에서 매우 중요한 역
할을 한다. 그들은 가정에서든 호스피스 병동에서든
환자에게 다양한 봉사를 개별적으로 한다. 전문 의료
인은 아니지만 호스피스 교육을 수료한 후에 임종 전,
후의 환자 방문 또는 가정 방문을 통해 환자와 가족들

의 필요한 요구사항을 잘 해결 할 수 있도록 지지하며
돕는다.

호스피스는 죽음에 대한 이야기라기보다 삶에 대한 이
야기라 할 수 있다.
왜냐하면 호스피스에서 가장 중요시하는 것은 임종자
의 남은 시간, 남은 삶을 어떻게 충만하고 의미 있게 살
도록 하느냐에 모든 관심이 집중되기 때문이다.

(가톨릭대학교 의정부성모병원 호스피스 과장
유 로즈데레사수녀님 제공)

국내 호스피스 관련기관 인터넷 주소록

■ 서울시

가톨릭중앙의료원

http://cmc.cuk.ac.kr

가톨릭 대학교 간호대학 호스피스 교육연구소

http://www.cuk.ac.kr/~cuncweb/

http://http://www.cuk.ac.kr/%7Ehospice

호스피스 완화 의료 학회

http://www.hospicecare.co.kr/hospital

성모병원 호스피스

http://cmc.cuk.ac.kr/sungmo/info/html/info_s2.html

강남성모병원 호스피스

http://cmc.cuk.ac.kr/kangnam/hospice

성바오로병원 호스피스

http://wwwsph.cuk.ac.kr

성가복지병원 호스피스 제도

http://www.sungka.com/information/hospis-1x.htm#

마리아의 작은 자매회>호스피스

http://www.lcm.or.kr

http://mr.catholic.or.kr/lcm/

모현호스피스-서울

http://www.lcm.or.kr/sado.htm#

서울보훈병원 호스피스사업실

http://seoul.e-bohun.or.kr/

서울대 호스피스실

http://hmo.snu.ac.kr

경희의료원

http://www.khmc.or.kr

고려대 구로병원

http://www.kumc.or.kr

원자력병원

http://www.kcch.re.kr

영동세브란스병원

http://yongdong.yonsei.ac.kr

이화여대 호스피스

http://http://www.24hospice.com/

한양대병원

http://hmc.hanyang.ac.kr

■ 경기도

의정부성모병원〉봉사활동〉호스피스

http://cmc.cuk.ac.kr/ujb/main.htm

성가병원 호스피스제도

http://http://www.sungka.com

성가병원 안내>호스피스제도

http://www.sungka.com/information/index.html

성빈센트병원 호스피스 안내

http://www.vincenthosp.com/active/hospice.asp

성빈센트병원 호스피스 활동

http://www.vincenthosp.com/active/hospice1.asp

성안드레아정신병원

http://www.futurcom.co.kr/andrew/profile.html

샘물호스피스

http://www.hospice.or.kr

안양호스피스 선교회

http://www.ayhospice.kr.to

■ 강원도

갈바리의원 호스피스 – 강릉

http://www.lcm.or.kr/sado.htm#

■ 충청도

충남대병원

http://www.cnuh.co.kr

대전성모병원

http://www.djsungmo.com/gg/g-1.html

청주성모병원

http://www.ccmc.or.kr

청주 성모 꽃마을

http://www.flowermaul.com

불교 정토마을 호스피스

http://www.jungtoh.com

■ 경상도

부산대학교병원 호스피스

http://hospice.pnuh.co.kr/

대구가톨릭의료원

http://medical.cataegu.ac.kr

대구파티마병원>호스피스>호스피스간호

http://www.fatima.or.kr

김해호스피스

http://khhospice.or.kr

메리놀병원 호스피스 활동기

http://maryknoll.co.kr

성분도병원

http://www.sungbundo.co.kr/

포항성모병원>호스피스

http://www.pohangsmh.co.kr

■ 전라도

천주의 성요한수도회〉의료봉사활동〉호스피스

http://www.hospitaller.net

성가롤로병원 호스피스병동 – 순천

http://www.stcarollo.or.kr

목포가톨릭병원

http://www.columban.co.kr

■ 종합

한국가톨릭병원협회

http://lib.cuk.ac.kr/chak

성모간병인협회

http://www.hmng.org/index3.htm

■ 기타

호스피스 사랑방

http://cafe.daum.net/hospice4u

국립의료원

http://www.nmc.go.kr/

보건복지부

http://www.mohw.go.kr/

한국치매가족 협의회

http://www.alz.or.kr

대한간호협회

http://www.koreanurse.or.kr

간호사가 만들어가는 세상

http://www.nurscape.net

한양대 간호발전연구소

http://rind.hanyang.ac.kr

메디너스 간호정보

http://medi.com.ne.kr

스위트케어

http://www.sweetcare.com/

유니텔 통신 간호사 동호회

http://users.unitel.co.kr/~nurse/

전염병 정보망

http://dis.mohw.go.kr/

한국내 간호 학과 (엠파스 검색)

http://www.empas.com

너스 투데이

http://www.nursetoday.co.kr

호스피스 사랑방(cafe.daum.net/hospice4u)의 활발한 활동으로 인하여 사랑으로 만드는 책(가칭)이 만들어지게 되었습니다. 이 책을 위하여 한 달여간에 걸친 사랑의 기도와 후원금 전달을 위하여 물심양면으로 많은 도움을 주심으로 더 깊은 의미와 내용으로 성장하여 태어날 수 있게 되었습니다. 이 세상은 홀로이기보다 함께 했을 때 더 큰 사랑의 힘을 발휘할 수 있다는 주님의 사랑을 체험하게 되었습니다.

이런 크신 주님의 사랑을 나누도록 많은 배려를 아끼지 않으신 분은 바로 김 대진 미카엘의 견진대부 송 창열 요한 형제님이십니다. 그 분은 주님의 사랑을 몸소 실천하며 많은 대자, 봉사자들과의 아름다운 인연을 사랑만으로 엮어내고 계십니다. 저는 이 책을 준비하면서 그 분과 아름다운 인연을 맺으며 보여주는 고운 마음들과 그 분이 성자의 마음과 모습을 갖추고 계신 것을 여러 면에서 느끼고 볼 수 있었습니다. 이 분의 크신 사랑 많은 이들이 받을 수 있으면 좋겠습니다.

아래에 열거된 분들은 이 책이 밝은 빛을 볼 수 있도록 사랑과 기도로 후원해주신 분들입니다.

hksig 이수철님, 문임숙님, 실비아 지혜숙님, rkrtldjssl 김경희
님, 루치아 김정혜님, 스테파노 이웅진님, 장세레나 장정옥
님, 글라라12 홍태숙님, 프란치스코 이해진님, +.평화 박영택
님, 양만식님, 서명인님, josephina 김미숙님, 김덕선님, 고이
접어 이은분님, 서라벌 이영목님, 솔솔바람 요한비안네수녀
님, 이인숙님, 의정부성모병원호스피스과 유영숙 로즈데레
사 수녀님외 봉사자들, 김옥렬님, 밝은미소^^* 조은영님, 윤
명숙님, 로즈마리 전화자님, melodymuse2 노윤미님, 최아
녜스 최점태님, 프란치스카 전금순님, 젤뚜르다 신영자님, 如
水 임영근님, 늘푸르게 곽영희님, 김예란님, 이영례아녜스 이
영례님, 루치아노 윤석선님, 진주 진주마리홍현님, 뽀로롱 최
윤정님, 막시밀리언꼴베 이준용님, 해인데레사 박영숙님, 유
소은글라라님, 황 마리아님, 이 연향엘리사벳님, 이 광규가브
리엘님, 염 레지나님, 조 글라라님, 이 마르티나님, 에스델 박
나정님, 이은정님, 평강공주 김영숙님, 온달 유점성님,
sonsoomin 손수민님, 허영자님, 소나무 주창순님, 이제향님,
진재녀님, 이숙희님, 정명자님, 이정자님, 이연무님, 최용자
님, 돌파리 이의석님, 최경례 최경례님, 나원례님, 최미경님,
김삼숙님, 성옥분님, 강민자님, 김인자님, 이유순 마리아님,
루피나 이광옥님, 크리스 박ㅇ숙님, 센시아 김혜진님, 발레리
아 조수연님, 태연순님, 야훼의 종 이은정님, 작은 아씨 김옥

엽님, todaud 임영순님, 이옥순님, 전병용님, 김정순님, 이철
학 신부님, 아이리스 양미희님, johanna 허영채님,
picturedream 황영수님, 송요한 송창열님, 지창훈님, 정봉석
님, 김균재님, 오문재님, 김길연님, 최경모님, 김영탁님

황금알에세이선1
지상의 병실 하나

지은이 | 김대진 미카엘 · 호스피스 사랑방
초판인쇄 | 2003년 9월 15일
초판발행 | 2003년 9월 19일
펴낸이 | 조경숙
주 간 | 김영탁
편 집 | 칼라박스
표지디자인 | 칼라박스
펴낸곳 | 도서출판 황금알
주 소 | 서울시 중구 필동2가 124-11 2F
전 화 | 02)2275-9171
팩 스 | 02)2275-9172
이메일 | goldegg21@hanmail.net
홈페이지 | http://chomool.hihome.com
출판등록 | 2003년 03월 26일(제10-2610호)
인쇄 · 제본 | 대흥인쇄(주)

ⓒ2003 Gold Egg Pulishing Company Printed in Korea

*저자와 협의하여 인지를 붙이지 않습니다.
*잘못된 책은 바꾸어 드립니다.
정가 9,000원

ISBN 89-953948-00-3-03300